Bernd Söllner

DIE VOR-ORT-ENERGIEBERATUNG

Das Gebäude

Die Fachbuchreihe zu den Themen
- Baurechtpraxis und Baumanagement
- Bautechnik
- Energieeffizientes Bauen
- Energiesystemtechnik
- Gebäudetechnik, TGA und Facility Management
- Klima- und Lüftungstechnik
- Sicherheitstechnik

DIPL.-ING. (FH) BERND SÖLLNER

DIE VOR-ORT-ENERGIE-BERATUNG

Schritt für Schritt zum Gutachten

5., neu bearbeitete Auflage

VDE VERLAG GMBH

ICS 03.080.30; 91.120.10; 91.140.01

Bibliografische Information der Deutschen Nationalbibliothek
Die Deutsche Nationalbibliothek verzeichnet diese Publikation in der Deutschen Nationalbibliografie; detaillierte bibliografische Daten sind im Internet über https://portal.dnb.de abrufbar.

ISBN 978-3-8007-5850-0 (Buch)
ISBN 978-3-8007-5851-7 (E-Book)

Coverabbildung: Michael Jäger, Düsseldorf 2015 - lorhem, © mitifoto – Fotolia

Satz: DREI-SATZ GbR, Husby
Druck: Elanders Waiblingen GmbH, Waiblingen
Printed in Germany 2024-03

Vorwort

Die zunehmende Erderwärmung mit all ihren Folgen sowie die sich abzeichnende Verteuerung fossiler Energieträger auch aufgrund des steigenden CO_2-Preises macht ein schnelles Handeln aller Beteiligten notwendig, wenn das 2 °C-Ziel noch irgendwie erreicht werden soll. Neben politischen Vorgaben und Anreizen für Neubauten, Industrie und Verkehr ist es notwendig, das große Einsparpotenzial des Gebäudebestands zu erschließen. Um allen Aspekten einer energetischen Ertüchtigung von Gebäuden gerecht zu werden, ist eine Energieberatung erforderlich. Diese zeigt neben den technischen Möglichkeiten auch das energetische Einsparungspotenzial, die Emissionsminderung und sowohl Investitionskosten der Sanierung als auch die Energiekosteneinsparung. Daraus lässt sich ersehen, dass die meisten Maßnahmen nicht nur ökologisch sinnvoll sind, sondern auch den Geldbeutel entlasten. Wie so eine Energieberatung aussehen kann und was sie leistet, soll in diesem Buch aufgezeigt werden.

Das Buch soll Mut machen, energetische Sanierungen anzugehen und sich mit einem individuellen Sanierungsfahrplan unabhängig beraten zu lassen.

Wendlingen, im Januar 2024 *Bernd Söllner*

Inhaltsverzeichnis

1 Einleitung

Energieberatung und was sich dahinter verbirgt

Energieberatung ist ein weites Feld, das vom energiesparenden Elektrogerät bis zur Beratung bei der Festlegung der Rahmenbedingungen für ein neues Baugebiet reicht.

Dieses Buch möchte sich auf den Bereich Bestandsbauten beschränken und den Schwerpunkt auf Ein-, Zwei- und Mehrfamilienhäuser legen. Es gilt weiterhin zu differenzieren, wie umfangreich und tiefgehend eine Energieberatung zum Beispiel für ein Einfamilienhaus ausfällt und was hierbei sinnvoll und für den Hausbesitzer zielführend ist.

Auf dem Energieberatungsmarkt wird eine ganze Menge von Produkten mit unterschiedlichen Namen und Begriffen angeboten. Die wichtigsten Produkte sollen nachfolgend beschrieben werden.

1.1 Gebäude- und Energieausweis

Die Energieeinsparverordnung 2007 führte verpflichtend einen Energieausweis – auch Energiepass genannt – für alle Gebäude ein. Dies wurde modifiziert 2014 zunächst in die Energieeinsparverordnung (EnEV), nachfolgend auch in das Gebäudeenergiegesetz (GEG), das am 01.11.2020 in Kraft trat, übernommen. Die letzte Anpassung erfolgte am 01.01.2023. Es wird grundsätzlich zwischen zwei Ausweisen unterschieden.

1.1.1 Der verbrauchsorientierte Energieausweis

Grundlage der verbrauchsorientierten Variante ist der Energieverbrauch, den Bewohner einer Immobilie in den letzten Jahren hatten. Es sind mindestens die letzten drei Abrechnungsjahre zugrunde zu legen. Die Verbräuche müssen witterungsbereinigt angegeben werden. Das bedeutet, dass die Witterungsschwankungen über die Jahres-Gradtagszahl ausgeglichen werden. Der verbrauchsorientierte Energieausweis darf nur für Wohngebäude mit mindestens fünf Wohnungen ausgestellt werden.

1.1.2 Der bedarfsorientierte Energieausweis

Der Bedarfsausweis betrachtet die gesamte Bau- und Anlagentechnik. Aus der Qualität von Heizungs-, Warmwasser- und Lüftungsanlagen sowie dem wärmetechnischen Stand der Gebäudehülle wird der Heizwärmebedarf des Gebäudes ermittelt, unabhängig vom Verhalten der Bewohner. Der Bedarfsausweis ist somit aufwändiger zu erstellen als der Verbrauchsausweis. Vorgeschrieben ist der Bedarfsausweis nur bei Gebäuden mit weniger als fünf Wohneinheiten, die vor dem 01.10.1977 erstellt und seitdem nicht energetisch saniert wurden. Bei größeren, jüngeren Gebäuden sowie Gebäuden, die mindestens das Anforderungsniveau der Wärmeschutzverordnung von 1977 erfüllen, besteht die Wahlfreiheit zwischen beiden Ausweisarten.

ENERGIEAUSWEIS für Wohngebäude

gemäß den §§ 79 ff. Gebäudeenergiegesetz (GEG) vom [1] 08.08.2020

Gültig bis: 25.03.2032 **Registriernummer:** BW-2022-004015401 **1**

Gebäude

Gebäudetyp	Wohnteil gemischt genutztes Gebäude, freistehend
Adresse	Lange Straße 20 72622 NT-Neckarhausen
Gebäudeteil [2]	Teil des Wohngebäudes
Baujahr Gebäude [3]	1990
Baujahr Wärmeerzeuger [3, 4]	1991
Anzahl der Wohnungen	3
Gebäudenutzfläche (A_N)	402 ☐ nach § 82 GEG aus der Wohnfläche ermittelt
Wesentliche Energieträger für Heizung [3]	Erdgas H
Wesentliche Energieträger für Warmwasser [3]	Erdgas H
Erneuerbare Energien	Art: keine — Verwendung: keine
Art der Lüftung [3]	☑ Fensterlüftung ☐ Schachtlüftung ☐ Lüftungsanlage mit Wärmerückgewinnung ☐ Lüftungsanlage ohne Wärmerückgewinnung
Art der Kühlung [3]	☐ Passive Kühlung ☐ Gelieferte Kälte ☐ Kühlung aus Strom ☐ Kühlung aus Wärme
Inspektionspflichtige Klimaanlagen [5]	Anzahl: — Nächstes Fälligkeitsdatum der Inspektion:
Anlass der Ausstellung des Energieausweises	☐ Neubau ☑ Vermietung/Verkauf ☐ Modernisierung (Änderung/Erweiterung) ☐ Sonstiges (freiwillig)

Hinweise zu den Angaben über die energetische Qualität des Gebäudes

Die energetische Qualität eines Gebäudes kann durch die Berechnung des **Energiebedarfs** unter Annahme von standardisierten Randbedingungen oder durch die Auswertung des **Energieverbrauchs** ermittelt werden. Als Bezugsfläche dient die energetische Gebäudenutzfläche nach dem GEG, die sich in der Regel von den allgemeinen Wohnflächenangaben unterscheidet. Die angegebenen Vergleichswerte sollen überschlägige Vergleiche ermöglichen (**Erläuterungen – siehe Seite 5**). Teil des Energieausweises sind die Modernisierungsempfehlungen (Seite 4).

☑ Der Energieausweis wurde auf der Grundlage von Berechnungen des **Energiebedarfs** erstellt (Energiebedarfsausweis). Die Ergebnisse sind auf **Seite 2** dargestellt. Zusätzliche Informationen zum Verbrauch sind freiwillig.

☐ Der Energieausweis wurde auf der Grundlage von Auswertungen des **Energieverbrauchs** erstellt (Energieverbrauchsausweis). Die Ergebnisse sind auf **Seite 3** dargestellt.

Datenerhebung Bedarf/Verbrauch durch ☑ Eigentümer ☐ Aussteller

☐ Dem Energieausweis sind zusätzliche Informationen zur energetischen Qualität beigefügt (freiwillige Angabe).

Hinweise zur Verwendung des Energieausweises

Energieausweise dienen ausschließlich der Information. Die Angaben im Energieausweis beziehen sich auf das gesamte Gebäude oder den oben bezeichneten Gebäudeteil. Der Energieausweis ist lediglich dafür gedacht, einen überschlägigen Vergleich von Gebäuden zu ermöglichen.

Aussteller (mit Anschrift und Berufsbezeichnung)
Bernd Söllner
Energieberatung
An den Kiesgruben 32
73240 Wendlingen

SÖLLNER INGENIEURPLANUNG

Unterschrift des Ausstellers

Ausstellungsdatum 25.03.2022

[1] Datum des angewendeten GEG, gegebenenfalls des angewendeten Änderungsgesetzes zum GEG
[2] nur im Fall des § 79 Absatz 2 Satz 2 GEG einzutragen
[3] Mehrfachangaben möglich
[4] bei Wärmenetzen Baujahr der Übergabestation
[5] Klimaanlagen oder kombinierte Lüftungs- und Klimaanlagen im Sinne des § 74 GEG

Abb. 1.1: Beispiel eines Energieausweises – Seite 1

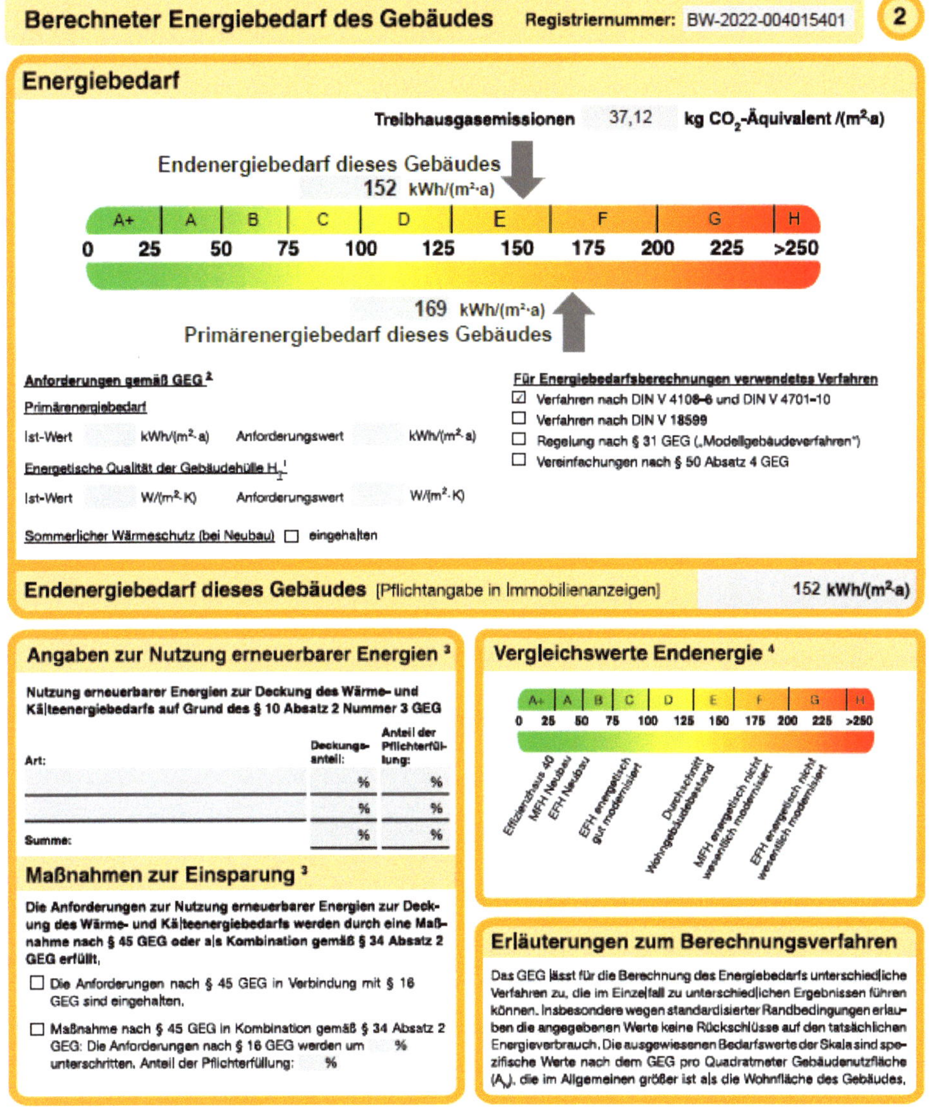

ENERGIEAUSWEIS für Wohngebäude

gemäß den §§ 79 ff, Gebäudeenergiegesetz (GEG) vom [1] 08.08.2020

Berechneter Energiebedarf des Gebäudes

Registriernummer: BW-2022-004015401

2

Energiebedarf

Treibhausgasemissionen 37,12 kg CO_2-Äquivalent /(m^2a)

Endenergiebedarf dieses Gebäudes
152 kWh/(m^2·a)

A+ | A | B | C | D | E | F | G | H

0 25 50 75 100 125 150 175 200 225 >250

169 kWh/(m^2·a)
Primärenergiebedarf dieses Gebäudes

Anforderungen gemäß GEG [2]

Primärenergiebedarf

Ist-Wert kWh/(m^2·a) Anforderungswert kWh/(m^2·a)

Energetische Qualität der Gebäudehülle H_T'

Ist-Wert W/(m^2·K) Anforderungswert W/(m^2·K)

Sommerlicher Wärmeschutz (bei Neubau) ☐ eingehalten

Für Energiebedarfsberechnungen verwendetes Verfahren

☑ Verfahren nach DIN V 4108-6 und DIN V 4701-10
☐ Verfahren nach DIN V 18599
☐ Regelung nach § 31 GEG („Modellgebäudeverfahren")
☐ Vereinfachungen nach § 50 Absatz 4 GEG

Endenergiebedarf dieses Gebäudes [Pflichtangabe in Immobilienanzeigen] 152 kWh/(m^2·a)

Angaben zur Nutzung erneuerbarer Energien [3]

Nutzung erneuerbarer Energien zur Deckung des Wärme- und Kälteenergiebedarfs auf Grund des § 10 Absatz 2 Nummer 3 GEG

Art:	Deckungsanteil:	Anteil der Pflichterfüllung:
	%	%
	%	%
Summe:	%	%

Maßnahmen zur Einsparung [3]

Die Anforderungen zur Nutzung erneuerbarer Energien zur Deckung des Wärme- und Kälteenergiebedarfs werden durch eine Maßnahme nach § 45 GEG oder als Kombination gemäß § 34 Absatz 2 GEG erfüllt.

☐ Die Anforderungen nach § 45 GEG in Verbindung mit § 16 GEG sind eingehalten.

☐ Maßnahme nach § 45 GEG in Kombination gemäß § 34 Absatz 2 GEG: Die Anforderungen nach § 16 GEG werden um % unterschritten. Anteil der Pflichterfüllung: %

Vergleichswerte Endenergie [4]

A+ | A | B | C | D | E | F | G | H

0 25 50 75 100 125 150 175 200 225 >250

Effizienzhaus 40
MFH Neubau
EFH Neubau
EFH energetisch gut modernisiert
Durchschnitt Wohngebäudebestand
MFH energetisch nicht wesentlich modernisiert
EFH energetisch nicht wesentlich modernisiert

Erläuterungen zum Berechnungsverfahren

Das GEG lässt für die Berechnung des Energiebedarfs unterschiedliche Verfahren zu, die im Einzelfall zu unterschiedlichen Ergebnissen führen können. Insbesondere wegen standardisierter Randbedingungen erlauben die angegebenen Werte keine Rückschlüsse auf den tatsächlichen Energieverbrauch. Die ausgewiesenen Bedarfswerte der Skala sind spezifische Werte nach dem GEG pro Quadratmeter Gebäudenutzfläche (A_N), die im Allgemeinen größer ist als die Wohnfläche des Gebäudes.

[1] siehe Fußnote 1 auf Seite 1 des Energieausweises
[2] nur bei Neubau sowie bei Modernisierung im Fall des § 80 Absatz 2 GEG
[3] nur bei Neubau
[4] EFH: Einfamilienhaus, MFH: Mehrfamilienhaus

Abb. 1.2: Beispiel eines Energieausweises – Seite 2

ENERGIEAUSWEIS für Wohngebäude

gemäß den §§ 79 ff, Gebäudeenergiegesetz (GEG) vom [1] 08.08.2020

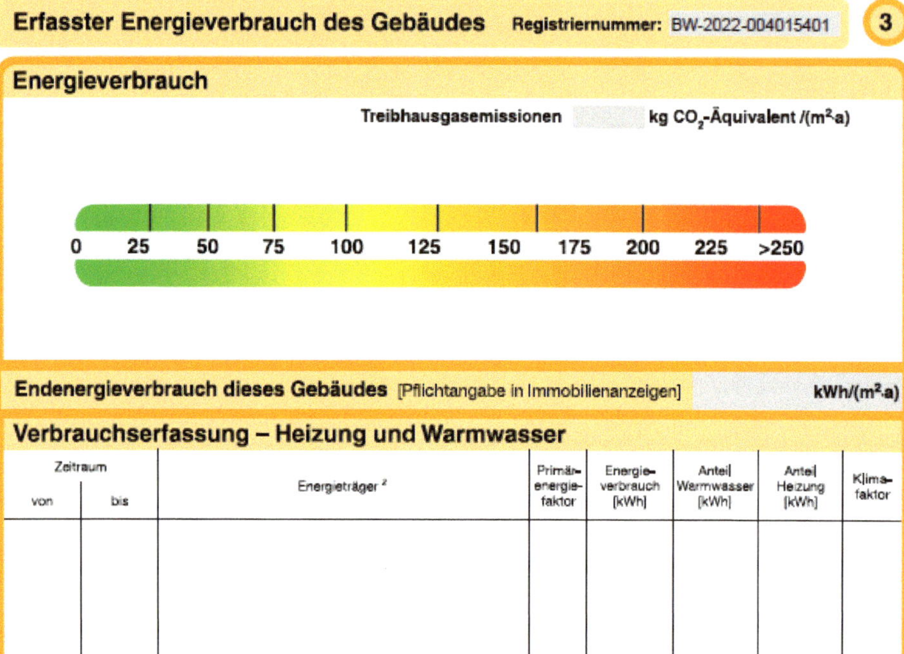

Erfasster Energieverbrauch des Gebäudes

Registriernummer: BW-2022-004015401 **3**

Energieverbrauch

Treibhausgasemissionen kg CO_2-Äquivalent /(m²·a)

Endenergieverbrauch dieses Gebäudes [Pflichtangabe in Immobilienanzeigen] kWh/(m²·a)

Verbrauchserfassung – Heizung und Warmwasser

Zeitraum von	Zeitraum bis	Energieträger [2]	Primärenergiefaktor	Energieverbrauch [kWh]	Anteil Warmwasser [kWh]	Anteil Heizung [kWh]	Klimafaktor

☐ weitere Einträge in Anlage

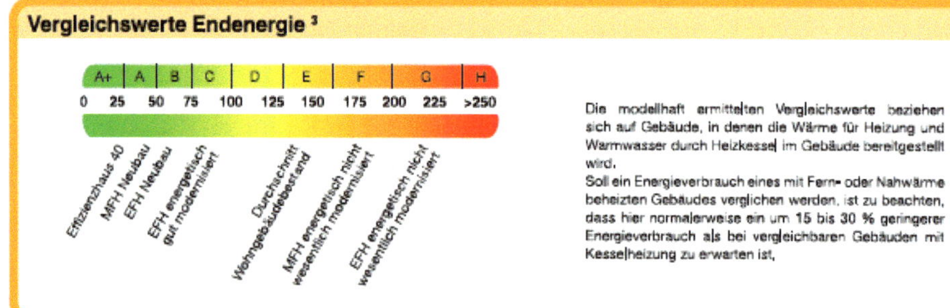

Vergleichswerte Endenergie [3]

Die modellhaft ermittelten Vergleichswerte beziehen sich auf Gebäude, in denen die Wärme für Heizung und Warmwasser durch Heizkessel im Gebäude bereitgestellt wird.

Soll ein Energieverbrauch eines mit Fern- oder Nahwärme beheizten Gebäudes verglichen werden, ist zu beachten, dass hier normalerweise ein um 15 bis 30 % geringerer Energieverbrauch als bei vergleichbaren Gebäuden mit Kesselheizung zu erwarten ist.

Erläuterungen zum Verfahren

Das Verfahren zur Ermittlung des Energieverbrauchs ist durch das GEG vorgegeben. Die Werte der Skala sind spezifische Werte pro Quadratmeter Gebäudenutzfläche (A_N) nach dem GEG, die im Allgemeinen größer ist als die Wohnfläche des Gebäudes. Der tatsächliche Energieverbrauch eines Gebäudes weicht insbesondere wegen des Witterungseinflusses und sich ändernden Nutzerverhaltens vom angegebenen Energieverbrauch ab.

[1] siehe Fußnote 1 auf Seite 1 des Energieausweises
[2] gegebenenfalls auch Leerstandszuschläge, Warmwasser- oder Kühlpauschale in kWh
[3] EFH: Einfamilienhaus, MFH: Mehrfamilienhaus

Abb. 1.3: Beispiel eines Energieausweises – Seite 3

Bei beiden Varianten müssen Vorschläge zur energetischen Sanierung bzw. Empfehlungen zur Modernisierung enthalten sein. Die Energiepässe sind zehn Jahre gültig.

1.2 Energiesparcheck

Unter dem Begriff Energiesparcheck verbergen sich meist Online-Fragebögen. Bei Beantwortung aller Fragen bekommt man über ein Benchmarking (vergleichende Analyse) ein theoretisches Energie- bzw. CO_2-Einsparpotenzial genannt. Es gibt Heizchecks, Stromchecks, Fördermittelchecks etc.

Diese Energiesparchecks sind meist kostenlos (z. B. unter *www.co2online.de/service/energiesparchecks*) und mittlerweile gibt es sie auch als App für das Handy. Sie werden oft auch regional von Energiezentren, Energieagenturen, Energiegenossenschaften und Ähnlichen angeboten. Dabei werden meist bei einem Vor-Ort-Termin die sonst online abgefragten Daten erhoben. Auch Firmen und Handwerker bieten teilweise einen Energiesparcheck an, die ihn aber hin und wieder lediglich als Verkaufsmittel einsetzen.

1.3 Energiecheck

Damit wird ein Programm der Verbraucherzentralen bezeichnet. Auch hier werden verschiedene Varianten angeboten, z. B. Basischeck, Gebäudecheck, Eignungscheck Heizung, Solarcheck. Die Checks werden von qualifizierten Energieberatern durchgeführt. Bei einem Vor-Ort-Termin überprüfen dabei die Experten die Außenhülle sowie die Heizungsanlage eines Gebäudes.

Das Programm eignet sich für Wohngebäude mit bis zu acht Wohnungen. Der Kunde erhält einen Beratungsbericht mit einem Soll-Ist-Vergleich. Er enthält Angaben zur Wärmedämmung (Angaben zur Dicke sowie zur Wärmeleitgruppe) und zum geplanten Heizungstyp (z. B. Brennwertkessel). Der Arbeitsaufwand für einen Check liegt bei zwei bis vier Stunden. Hierfür werden dem Eigentümer 30 Euro in Rechnung gestellt. Für jedes Gebäude erhält der Energieberater 247 Euro brutto vergütet. Es besteht allerdings die Gefahr, dass der Beratungsbericht je nach Handwerker einseitig ausfällt, da z. B. ein Gipser über größere Kompetenzen im Bereich von Wärmedämmverbundsystemen verfügt als ein Heizungstechniker und umgekehrt. Außerdem kann die Unabhängigkeit manchmal hinterfragt werden.

2 Rahmenbedingungen und Vorgaben für die BAFA-Beratung

2.1 Wer oder was kann gefördert werden?

Laut BAFA-„Richtlinie über die Förderung der Energieberatung in Wohngebäuden vor Ort" vom 01.07.2023 ist eine Vor-Ort-Beratung förderfähig, die sich umfassend auf den baulichen Wärmeschutz sowie auf die Wärmeerzeugung und -verteilung unter Einschluss der Warmwasserbereitung und der Nutzung erneuerbarer Energien bezieht und die von einem zugelassenen Berater durchgeführt wird. Die Beratung erfolgt durch die Übergabe und Erläuterung eines schriftlichen Beratungsberichts, z. B. in Form eines individuellen Sanierungsfahrplans.

Nicht förderfähig ist die Erstellung eines Gebäudeenergieausweises. Energieberatungen sind getrennt davon durchzuführen.

Gegenstand der Beratung können nur Gebäude sein, die sich im Bundesgebiet befinden. Eine weitere Voraussetzung ist, dass die Baugenehmigung vor mindestens 10 Jahren erteilt worden ist und die Gebäudehülle nicht aufgrund späterer Baugenehmigungen zu mehr als 50 % verändert wurde. Mehr als die Hälfte der Gebäudefläche muss zu Wohnzwecken ständig genutzt werden.

Als Gebäudeeigentümer können eine Beratung in Anspruch nehmen:

- Eigentümer von selbstgenutzten oder vermieteten Wohngebäuden,
- Wohnungseigentümergemeinschaften (WEG),
- Nießbrauchberechtigte,
- Mieter und Pächter.

Wohnungseigentümer können eine Beratung dann in Anspruch nehmen, wenn sich die Beratung auf das gesamte Gebäude erstreckt. Dabei muss sichergestellt sein, dass die erforderlichen Daten zum Gebäude und zur Heizungsanlage erhoben werden können.

Eine Beratungsförderung ist ausgeschlossen für ein Gebäude,

- an dem der Bund oder ein Bundesland mehrheitlich beteiligt ist,
- das sich mehrheitlich im Bundes- oder Landeseigentum befindet,
- wenn der Eigentümer ein Unternehmen ist, das nicht die Voraussetzungen im Sinne der Empfehlung 2003/361/EG der Kommission von Mai 2003, die Definition von kleinen und mittleren Unternehmen betreffend, erfüllt,
- dessen Eigentümer ein Unternehmen ist, das auf eigenes Personal mit der für eine Zulassung erforderlichen Qualifikation zurückgreifen könnte,
- wenn dem Energieberatungsunternehmen auch nur anteilige Eigentums- oder Nutzungsrechte an dem Wohngebäude zustehen,

- wenn der Beratungsempfänger selbst von der Bewilligungsbehörde als Energieberater für das Förderprogramm zugelassen worden ist,
- wenn der Beratungsempfänger ein Unternehmen ist, über dessen Vermögen ein Insolvenzverfahren beantragt oder eröffnet worden ist,
- wenn der Beratungsempfänger ein Unternehmen ist, das im laufenden Jahr sowie in den vorausgegangenen zwei Steuerjahren einschließlich der Förderung nach dieser Richtlinie De-minimis-Beihilfen in einem Gesamtumfang von mindestens 200 000 Euro (im Falle von Unternehmen des Straßentransportsektors 100 000 Euro) erhalten hat,
- wenn der Beratungsempfänger ein Unternehmen ist, das im Übrigen nach Artikel 1 der De-minimis-Verordnung ausgeschlossen ist.

Fördermittelempfänger

Gewährt wird die Förderung dem Beratungsempfänger. Die Beratungsleistungen sind von einer natürlichen Person zu erbringen, die als Energieberater von der Bewilligungsbehörde für das Förderprogramm zugelassen worden ist. Qualifizierte Energieberater sind u. a. in der „Energieeffizienz-Expertenliste für die Förderprogramme des Bundes" unter www.energie-effizienz-experten.de zu finden. Unter welchen Voraussetzungen eine Zulassung des Energieberaters erfolgt, ist einem mit dem Richtliniengeber abgestimmten Merkblatt der Bewilligungsbehörde zu entnehmen. Dieses enthält auch die Bedingungen zur Hinzuziehung zusätzlicher externer Energieberater.

Der Energieberater verpflichtet sich durch eine Selbsterklärung, seine Kunden hersteller-, anbieter-, produkt- und vertriebsneutral zu beraten. Er darf von einem Dritten, der ein wirtschaftliches Interesse an der Umsetzung der von dem Energieberater empfohlenen Maßnahmen haben kann, weder eine Provision noch einen sonstigen geldwerten Vorteil fordern oder annehmen. Lohnzahlungen an den Energieberater, die keinen Zusammenhang zu etwaigen Investitionsentscheidungen des Beratungsempfängers aufweisen, sind keine geldwerten Vorteile im vorgenannten Sinne. Nicht berechtigt, Fördermittel zu empfangen, sind Unternehmen, über deren Vermögen ein Insolvenzverfahren beantragt oder eröffnet worden ist.

Weiterhin müssen folgende Punkte beachtet werden:

- Die Berater müssen über die notwendige Zuverlässigkeit verfügen; das bedeutet, dass sie Tätigkeiten ausüben, die einem Sachverständigen ähnlich sind. Sie geben Entscheidungshilfen durch die sachkundige Feststellung von Tatsachen, die fachliche Beurteilung von Sachverhalten und die Übermittlung von Erfahrungsgrundsätzen.
- Planungs- und Ausschreibungsleistungen sowie die Übernahme von Bauleitungen sind im Anschluss an die Vor-Ort-Beratung zulässig.
- Der vom Berater zu fertigende schriftliche Beratungsbericht muss den Mindestanforderungen entsprechen. Die Mindestanforderungen sind vom BAFA definiert. Der Bericht ist dem Beratungsempfänger auszuhändigen und ihm in einem Abschlussgespräch zu erläutern.
- Bei der Aufbereitung und Auswertung der erforderlichen Daten ist ein computergestütztes Rechenprogramm zu verwenden.

2.2 Wie hoch ist der Zuschuss?

Der gewährte Zuschuss wird an den Antragsteller und nicht mehr an den ausstellenden Berater ausgezahlt.

Der Zuschuss für eine Vor-Ort-Beratung beträgt 80% der förderfähigen Beratungskosten, begrenzt für Ein- und Zweifamilienhäuser auf max. 1300 Euro sowie auf max. 1700 Euro für Wohnhäuser mit mindestens drei Wohneinheiten.

Nimmt der Berater an einer Eigentümerversammlung teil und erläutert den Energieberatungsbericht, kann er mit max. 500 Euro bezuschusst werden.

2.3 Verfahren

2.3.1 Zuständige Behörde

Bewilligungsbehörde ist das Bundesamt für Wirtschaft und Ausfuhrkontrolle (BAFA). Dieses stellt die notwendigen Informationen zur Antragstellung im Internet unter *www.bafa.de* zur Verfügung.

2.3.2 Antragstellung

Für die Antragstellung ist das von der Bewilligungsbehörde bereitgestellte Online-Portal zu nutzen. Den Antrag stellt der Beratungsempfänger. Mit dem Vorhaben darf nicht vor Antragstellung begonnen werden. Als Vorhabenbeginn gilt der rechtsgültige Abschluss eines der Ausführung zuzurechnenden Leistungsvertrags. Ein Vertragsabschluss vor Erhalt des Zuwendungsbescheids ist zulässig, wenn die Wirksamkeit des Vertrags von der Förderzusage der Bewilligungsbehörde abhängig gemacht wird. Zuwendungsbescheide werden in der Reihenfolge des Eingangs der Anträge erteilt. Der Bewilligungsbehörde ist bei der Antragstellung mitzuteilen, welche De-minimis-Beihilfen der Beratungsempfänger, sofern es sich um ein Unternehmen handelt, in der Vergangenheit erhalten hat. Die Zuwendung darf nur bewilligt werden, wenn dadurch nicht der für De-minimis-Beihilfen genannte Höchstbetrag überschritten wird. Die Bewilligungsbehörde ist berechtigt, bei Bedarf weitere Unterlagen zu verlangen. Handelt es sich bei dem Beratungsempfänger um ein Unternehmen, erhält dieses eine De-minimis-Bescheinigung über die gewährte Beihilfe. Die Bescheinigung ist zehn Jahre aufzubewahren und auf Anforderung der Europäischen Kommission, der Bundesregierung, Landesverwaltung oder bewilligenden Stelle innerhalb einer Woche oder einer in der Anforderung festgesetzten längeren Frist vorzulegen. Wird die Bescheinigung innerhalb der Frist nicht vorgelegt, entfällt rückwirkend die Bewilligungsvoraussetzung und es kann für den Beratungsempfänger zu einer Rückforderung in Höhe des durch die Förderung gewährten Vorteils zuzüglich Zinsen kommen. Die Bescheinigung ist bei zukünftigen Beantragungen als Nachweis für die vergangenen De-minimis-Beihilfen vorzulegen.

2.3.3 Zuwendungsbescheid, Bewilligungszeitraum

Für die Bewilligung, Auszahlung und Abrechnung der Förderung sowie für den Nachweis und die Prüfung der Verwendung und die gegebenenfalls erforderliche Aufhebung des Zuwendungsbescheides und die Rückforderung der gewährten Förderung gelten die §§ 48 bis 49a des Verwaltungsverfahrensgesetzes, die §§ 23, 24 BHO und die hierzu erlassenen Allgemeinen Verwaltungsvorschriften, soweit nicht in diesen Förderrichtlinien Abweichungen von den Allgemeinen Verwaltungsvorschriften zugelassen worden sind. Der Bundesrechnungshof ist gemäß den §§ 91, 100 BHO zur Prüfung berechtigt. Die bewilligte Energieberatung muss spätestens neun Monate nach Zugang des Zuwendungsbescheids beendet sein (Bewilligungszeitraum). Für eine bewilligte zusätzliche Erläuterung des Energieberatungsberichts gegenüber Wohnungseigentümergemeinschaften oder Beiräten beträgt der Bewilligungszeitraum maximal zwei Jahre nach Zugang des Zuwendungsbescheids. In begründeten Einzelfällen kann die Bewilligungsbehörde den Bewilligungszeitraum auf schriftlichen Antrag verlängern.

2.3.4 Auszahlung und Verwendungsnachweisverfahren

Die Auszahlung des Zuschusses erfolgt nach Vorlage aller Verwendungsnachweisunterlagen und der positiven Prüfung durch die Bewilligungsbehörde. Informationen zu Art, Umfang und Inhalten der erforderlichen Verwendungsnachweisunterlagen sind im Zuwendungsbescheid zu finden. Die gegebenenfalls erforderlichen Formulare stellt die Bewilligungsbehörde zur Verfügung. Sämtliche Unterlagen müssen spätestens innerhalb von drei Monaten nach Ablauf des Bewilligungszeitraumes in der Bewilligungsbehörde eingegangen sein (Vorlagefrist).

2.3.5 Subventionserheblichkeit

Die nach dieser Richtlinie gewährte Förderung ist für Unternehmen eine Subvention im Sinne des § 264 des Strafgesetzbuchs (StGB). Im Antragsverfahren wird der Antragsteller daher bereits vor der Antragstellung auf die Strafbarkeit des Subventionsbetrugs und auf die bestehenden Mitteilungspflichten nach § 3 des Subventionsgesetzes (SubvG) hingewiesen. Außerdem benennt die Bewilligungsbehörde, entsprechend Nummer 3.4.6 der Verwaltungsvorschriften zu § 44 BHO, die im konkreten Fall subventionserheblichen Tatsachen. Für Beratungsempfänger sind im Rahmen der De-minimis-Erklärung entsprechende Hinweise auf die Subventionserheblichkeit der erklärten Tatsachen gemäß § 264 StGB und auf die bestehenden Mitteilungspflichten nach § 3 SubvG aufzunehmen.

2.3.6 Mitwirkungspflichten

Der Empfänger der Fördermittel hat dem BMWK, der Bewilligungsbehörde oder einem von diesen beauftragten Dritten zur Überprüfung der Mittelverwendung auf Verlangen Einsicht in die die Förderung betreffenden Unterlagen zu gestatten. Die Bewilligung erfolgt unter der Auflage, dass der Fördermittelempfänger – unter Beachtung der datenschutzrechtlichen Regelungen – alle für die Evaluation des Förderprogramms und für die Weiterentwicklung des Energiedienstleistungsmarktes benötigten Daten dem BMWi und der Bewilligungsbehörde zur Verfügung stellt und an notwendigen Befragungen teilnimmt. Der Empfänger der Fördermittel ist verpflichtet, alle für die Förderung erheblichen Unterlagen mindestens fünf Jahre lang vorzuhalten und im Falle einer Überprüfung vorzulegen. Kommt er dieser Verpflichtung nicht nach, entfällt rückwirkend die Bewilligungsvoraussetzung und die Förderung zuzüglich Zinsen kann zurückgefordert werden. Für Beratungsempfänger wird auf die Hinweise zum Datenschutz für Beratene verwiesen.

3 Der Ortstermin

3.1 Ablauf vom ersten Kontakt bis zum Energiebericht

Bereits beim ersten Kontakt des Hausbesitzers mit dem Energieberater können viele grundsätzliche Fragestellungen geklärt werden. Dabei ist es egal, ob der erste Kontakt persönlich, telefonisch oder per E-Mail erfolgt.

Zunächst interessieren den Hausbesitzer die Leistungen, welche er im Energiebericht zu erwarten hat. Diese sollten in kurzer Form dargelegt werden. Hierzu gehört der Ortstermin, der ca. 1 bis 2 Stunden in Anspruch nimmt, bei dem das Gebäude aufgenommen werden sollte. Dann erfolgt eine normierte Berechnung des Ist-Energiebedarfs. Dafür wird eine Energiebilanz erstellt, die auf dem normierten Rechenverfahren der DIN V 18599 beruht. Nur wenn diese Energiebilanz stimmig ist, evtl. witterungsbereinigt wurde und mit dem tatsächlichen Energieverbrauch übereinstimmt, ist dies eine ausreichend genaue Basis, um weitere Aussagen über Energieeinsparungen vornehmen zu können.

Dies erfolgt in einem zweiten Schritt, wobei die Wünsche des Hausbesitzers berücksichtigt werden sollten. Die Wahl der Maßnahmen hängt vom Ziel des Auftraggebers sowie vom Wunsch bzw. den Möglichkeiten der Kapitalbeschaffung ab. Beides, die Finanzierung (Förderung, Kredit oder Eigenkapital?) und die Modernisierungsziele (Solar, Lüftung, Dämmung, neue Heizung, Anbau, Umbau usw.), sollten Sie unbedingt frühzeitig klären. So kann die Umsetzbarkeit der Maßnahmen vor Ort bereits bei der Gebäudeaufnahme geprüft werden. Wichtige Punkte sind

- Platzbedarf (Solar, Lüftung, Pelletlager),
- Sparrenhöhe, Dachüberstände und Kellerdeckenhöhen bei Dämmung,
- mögliche Leitungsführung usw.

Der Energiebericht erarbeitet die möglichen Einsparungen durch verschiedenste Sanierungsmaßnahmen. Hierbei werden insbesondere die Energie-, Kosten- und CO_2-Einsparung benannt. Weiterhin werden die Kosten der einzelnen Sanierungsmaßnahmen ermittelt und auf dieser Basis Amortisationszeiten berechnet.

Zum Schluss wird ein Sanierungsvorschlag unterbreitet, der auch in zeitlich abgestuften Maßnahmenpaketen umgesetzt werden kann. Zu beachten ist, dass mindestens ein Maßnahmenpaket ein Energieeffizienzhaus-Niveau erreicht. Also mindestens das KfW-85-Niveau. Weiterhin sind die zu erwartenden Kosten für die Energieberatung von Bedeutung und ob auch noch Kosten für den Energiepass anfallen.

3.2 Informationsbeschaffung in der Vorbereitungsphase

Bereits beim ersten Kontakt sollten vom Berater beim Bauherrn folgende Punkte abgefragt werden:

- Baujahr des Gebäudes
- Adresse des Bauherrn

- Adresse des Objekts
- Sollen Sanierungsmaßnahmen im Zusammenhang mit KfW- oder BAFA-Fördermitteln umgesetzt werden?

Dies ist wichtig, da diese Fragen beim BAFA-Antrag für den Zuschuss zur Energieberatung bereits beantwortet werden müssen.

Weiterhin ist es zur Vorbereitung des Ortstermins sinnvoll, dass der Bauherr bereits Pläne zum Gebäude vorhält. Hier wären Ausführungspläne im Maßstab 1:50 wünschenswert, oftmals liegen aber lediglich die Baugesuchspläne im Maßstab 1:100 vor. Diese sind auch ausreichend, da aus ihnen die Maße des Gebäudes entnommen werden können. Weiterhin empfiehlt es sich, beim Beratungsempfänger den Energieverbrauch für Heizung (Gas, Öl, Holz oder Kohle) abzufragen, genauso wie den Stromverbrauch. Die Angaben über den Energieverbrauch sollten nach Möglichkeit für die letzten drei Jahre erfolgen. Weiterhin ist es hilfreich, wenn der Hausbesitzer Unterlagen über bereits durchgeführte Renovierungen bereitstellen kann, aus denen ersichtlich wird, welches Material eingesetzt worden ist.

3.3 Aufgaben des Energieberaters

Vor dem Ortstermin ist beim BAFA der Antrag auf Zuschuss zur Energieberatung online zu stellen. Weiterhin empfiehlt es sich, einen Beratervertrag auszuarbeiten und diesen spätestens beim Ortstermin vom Beratungsempfänger unterzeichnen zu lassen.

3.3.1 Informationsgewinnung beim Ortstermin

Beim Ortstermin sind die Pläne auf Vollständigkeit und Stimmigkeit zu überprüfen. Hierbei muss auch die Bilanzgrenze definiert werden. Es ist also abzuklären, welche Räume beheizt werden und wie oft sie genutzt werden (z. B. Hobbyraum im UG, beheiztes Treppenhaus, teilweise ausgebautes DG). Aus den Plänen können meist die Maße der Außenwände, der Deckenstärken und der Dachstärke entnommen werden. Falls dies nicht der Fall ist, muss vor Ort gemessen werden. Sollten in den Plänen die Materialien nicht aufgeführt und nach Augenschein des Mauerwerks auch nicht eindeutig zu definieren sein, muss der Bauherr nach der Beschaffenheit der verwendeten Baumaterialien befragt werden.

Einen Hinweis über die verwendeten Steine kann eine bereits vom Bauherrn durchgeführte Bohrung ergeben. Ist das Bohrmehl rot, lässt dies auf einen Ziegelstein schließen, bei grauem Bohrmehl handelt es sich um Bimsstein oder Beton. Auch hat der Nutzer in der Regel Erfahrungen mit dem Löcherbohren. Er kann sagen, ob Hohlräume in den Wänden vorhanden sind. Ist das der Fall, lässt dies auf Hohllochsteine schließen.

Fenster

Die Fenster müssen in Augenschein genommen und klassifiziert werden, um zu klären, ob es sich um Einscheibenverglasung oder um Zweischeibenverglasung mit zu öffnenden Flügeln handelt.

Es kann sich um

- eine Zweischeibenisolierverglasung,
- eine Zweischeibenisolierverglasung mit Beschichtung oder
- eine Dreischeibenverglasung

handeln. Bei neueren Scheiben stehen meist der Hersteller, der Typ und teilweise auch der U-Wert und das Herstellungsdatum auf dem Scheibenabstandsprofil abgedruckt. Der U-Wert (früher k-Wert) gibt an, wie viel Wärme durch ein Bauteil verloren geht. Je größer der Wert, umso mehr Wärme wird nach außen transportiert. Je kleiner, umso weniger. Die Einheit lautet $W/(m^2K)$ (s. Abschn. 4.2). Weiterhin ist festzustellen, ob Fenster aus Holz, Kunststoff, Aluminium, Kunststoff-Aluminium, mit oder ohne Dämmprofil vorhanden sind.

Dach

Beim Dach sind die Stärke der Dachdämmung sowie die Sparrenstärke zu ermitteln. Es ist auch zu überprüfen, ob eine Dampfsperre oder Winddichtigkeitsfolie vorhanden ist. Der Dachüberstand ist zu ermitteln, da dies Aussagen über die mögliche Außenwanddämmung erlaubt, evtl. ist der Dachüberstand dann zu verbreitern.

Decke zum Dachboden

Die Deckenstärke ist zu ermitteln und das darin verwendete Dämmmaterial.

Kellerdecke

Auch hier ist die Stärke der Decke zu messen. In den Plänen sind meist nur die Rohbaumaße enthalten, sodass aus der gemessenen Deckenstärke der Gesamtaufbau des Fertigfußbodens ermittelt werden kann. In diesem Zusammenhang sollte auch die Sturzhöhe der Kellerfenster überprüft werden. Dies stellt oftmals den begrenzenden Faktor für eine Kellerdeckendämmung dar, damit die Fenster noch geöffnet werden können. Außerdem ist der Abstand zwischen Decke und den eventuell darunter verlegten Rohren zu ermitteln, falls dazwischen eine Deckendämmung verlegt werden sollte.

Alle Materialien, die nicht vor Ort aufgenommen werden können, müssen aus Tabellen ermittelt werden. Es gibt für alle Bauteile Tabellen, aus denen hervorgeht, zu welchem Baujahr welche Materialien üblicherweise verwendet wurden, beziehungsweise wann welche Mindest-U-Werte durch DIN oder Wärmeschutzverordnungen vorgeschrieben waren. Mindestwerte des Wärmedurchgangs sind in DIN 4108 enthalten. Hilfreiche Tabellen finden sich z. B. in der Bekanntmachung der „Regeln zur Datenaufnahme und Datenverwendung im Wohngebäudebestand" des Bundesministeriums für Verkehr, Bau und Stadtentwicklung oder der Energiebilanz-Toolbox des Instituts Wohnen und Umwelt (IWU).

4 Berechnung

4.1 Rechenverfahren

4.1.1 Verwendung von Rechenprogrammen

Die Wahl der Rechenprogramme für die Energieberatung steht dem Berater frei – auch die Software für die Erstellung eines BAFA-Berichts kann frei gewählt werden. Ein Energieberatungsprogramm muss es aber zulassen, die Nutzergewohnheiten einzugeben, den Standort des Gebäudes zu benennen und die Rechenergebnisse mit dem Verbrauch abzugleichen – kurz: viele projektbezogene Eingaben zu machen. Für die Erstellung von Individuellen Sanierungsfahrplänen findet man auf der BAFA-Webseite eine Liste von Herstellern mit zugelassener Software. Für die BAFA-Förderung ist seit dem 1.7.2023 die Verwendung eines Individuellen Sanierungsfahrplans vorgeschrieben.

Für andere Zwecke (KfW-Förderung, Passivhausnachweis, GEG-Nachweis, Energieausweise usw.) sind überwiegend feste Rechenregeln vorgeschrieben, welche zwingend verwendet werden müssen, da es sich um Nachweise handelt. Die zugehörigen Softwareprogramme bieten aber meist ebenfalls die oben genannten Eingabemöglichkeiten.

Das bedeutet für den Berater, dass für die Modernisierungsmaßnahmen ggf. mehrere parallele Berechnungen (notfalls mit verschiedenen Softwareprogrammen) durchgeführt werden müssen.

Als Grundlage des Rechenverfahrens ist seit 2023 in Deutschland die DIN V 18599 (die auch Grundlage des GEG-Nachweises ist) vorgeschrieben. Dazu gibt es verschiedene Softwareprogramme am Markt. Je nach Hersteller haben die Programme ihre Schwerpunkte entweder auf der bauphysikalischen oder auf der anlagentechnischen Seite. Auch ist die Bedienerfreundlichkeit sehr unterschiedlich. Bei manchen Programmen lassen sich einfache geometrische Figuren anklicken und Flächen sowie Volumen berechnen, bei anderen ist ein Fotoaufmaß möglich. Die meisten haben auch eine Textkonfiguration integriert, die es ermöglicht, den Bericht fix und fertig zu erstellen. Generell gilt, und das liegt in der Natur der Dinge, dass je einfacher und schneller sich eine Berechnung und ein Bericht erstellen lassen, desto weniger Varianten und Darstellungsformen möglich sind. Es lassen sich auch mit keinem der auf dem Markt befindlichen Programme alle Varianten an Einsparmöglichkeiten abdecken.

Darüber hinaus gibt es auf Excel basierende Freewaretools, die mit normalen Excel-Kenntnissen erweitert und angepasst werden können. Ein Beispiel hierfür sind die Energieberatungstools des IWU (Institut Wohnen und Umwelt). Die Tools können auf *www.iwu.de/publikationen/tools/* heruntergeladen werden.

4.2 Ist-Energiebilanz

Grundlage jeder verlässlichen Energieberatung ist die genaue Erstellung der Energiebilanz im Ist-Zustand. Denn nur, wenn man weiß, wo wie viel Energie verloren geht, kann die Energieeinsparung durch verschiedene Sanierungsmaßnahmen berechnet werden.

4.2.1 U-Werte

Zuerst müssen die Wärmedurchgangswerte (U-Wert) der einzelnen Bauteile der Gebäudehülle ermittelt werden. Voraussetzung ist die möglichst genaue Kenntnis der Aufbauten der Bauteile. Abb. 4.1 zeigt das Beispiel einer U-Wert-Berechnung.

Decke über Anbau

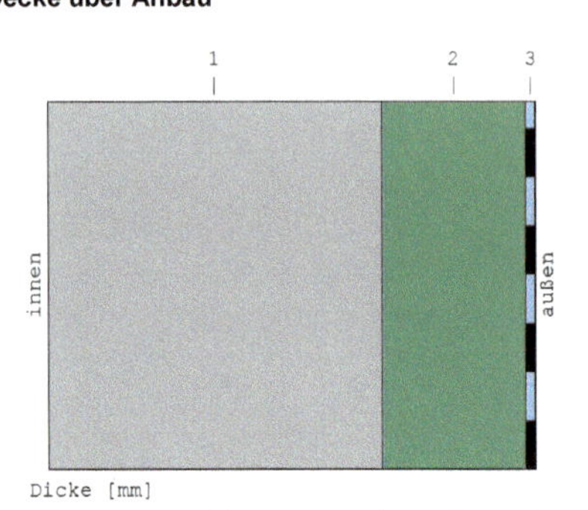

Verwendet für:
Dachfläche Anbau (U=0,560 W/m²K)

Schicht	Material	Dicke [mm]	λ [W/mK]	μ_{min}/μ_{max}	s_d-Wert [m]	Anteil [%]
1	DIN EN ISO 10456 Beton mittl. Rohdichte 1800	140	1,150	**60** / 100	8,400	100,0
2	DIN V 4108 5.3 Extrudierter Polystyrolschaum GW 0,0385 Kategorie II	60	0,040	**80** / 250	4,800	100,0
3	DIN V 4108 7.3.1 Bitumendachbahnen (DIN 52128)	4	0,170	10000 / **80000**	320,000	100,0
	gesamt	**204**				

Fenstertypen

Kunststofffenster Baualtersklasse 1958-1968

U-Wert [W/(m²K)]	2,70
g-Wert [-]	0,85
g-Korrektur [-]	0,90
Lichttransmissionsgrad τ_{D65} [-]	0,82
U-Verglasung [W/(m²K)]	2,90
Sonderverglasung	nein
Beschreibung	Ug-Wert nach Richtlinie für Nichtwohngebäude

Abb. 4.1: U-Wert-Berechnung

Auch dafür sind verschiedene Rechenprogramme auf dem Markt erhältlich. Sinnvoll ist ein Programm, bei dem die Wärmeleitkoeffizienten der DIN 4108 sowie verschiedene Bauteile von Herstellerfirmen hinterlegt sind, damit diese einfach per Mausklick übernommen werden können. Auch muss das Programm mittlere U-Werte berechnen können. Dies ist z. B. bei einem Sparrendach oder einer Holz-Ständerwand notwendig. Hier ergibt sich der mittlere U-Wert aus den flächenmäßigen Anteilen des U-Werts des Sparrens und dem U-Wert des Zwischenraums zwischen den Sparren.

Dach Zwischensparrendämmung

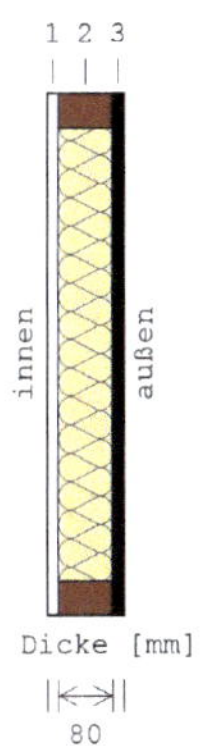

Verwendet für:
Dachfläche Süd (U=0,625 W/m²K)
Dachfläche Nord (U=0,625 W/m²K)

Schicht	Material	Dicke [mm]	λ [W/mK]	μ_{min}/μ_{max}	s_d-Wert [m]	Anteil [%]
1	DIN V 4108 3.4 Gipskartonplatten nach DIN 18180	12	0,250	**8** / 8	0,096	100,0
2	DIN EN ISO 10456 Konstruktionsholz 700	80	0,180	**50** / 200	4,000	13,3
	Mineralwolle 040	80	0,040	**1** / 1	0,080	86,7
3	Unterspann	0,1	0,500	200 / 200	0,100	100,0
	gesamt	**92,1**				

Abb. 4.2: Berechnung des mittleren U-Werts

Sind die Bauteilaufbauten unbekannt und können diese auch nicht so einfach ermittelt werden, empfiehlt es sich, auf die Liste der baualtersspezifischen Bauteile zurückzugreifen:

https://www.bundesanzeiger.de/pub/publication/qzQUGd8A3unSCCbVMcf?0

oder

www.altbau-neu-gedacht.de/2018/09/25/klasse-baualter-qualitaeten-der-baualtersklassen/

4.2.2 Gebäudedaten

Von den Gebäudedaten ist zunächst das Bilanzvolumen, d. h. das von den Wänden und Decken der beheizten Räume umschlossene Volumen zu ermitteln. Es ist immer mit Außenmaßen zu rechnen. Daraus ergibt sich die Gebäude-Nutzfläche. Bei dieser Berechnung wird eine Geschosshöhe von 3,2 m angenommen.

Achtung: Diese Fläche differiert von der tatsächlichen Nutzfläche.

Weiterhin sind die Flächen der einzelnen Bauteile zu ermitteln. Dann sind die Bauteile den einzelnen U-Werten zuzuordnen. Aus den aufsummierten Verlusten der einzelnen Bauteile ergibt sich der Transmissionswärmeverlust H_T. In diesem ist auch ein Wärmebrückenzuschlag enthalten. Dieser wird üblicherweise zwischen 0,05 und 0,1 angesetzt. Das bedeutet, dass zu den Transmissionsverlusten pauschal 5 bis 10 % dazugerechnet werden, um die konstruktiven Wärmebrücken zu berücksichtigen.

Achtung: Soll die Berechnung als Grundlage eines KfW-Kredits dienen, so ist bei Altbauten immer mit 0,1 zu rechnen. Bei einem kleineren Wärmebrückenzuschlag wird eine Wärmebrückenberechnung verlangt.

Dieser H_T-Wert wird im Energiepass eingetragen und mit dem maximal zulässigen Wert für einen vergleichbaren Neubau verglichen. Dann wird der Wert durch die Umschließungsfläche *A* dividiert und ergibt den spezifischen, flächenbezogenen Transmissionswärmeverlust H'_T.

Der Lüftungswärmeverlust wird aus dem Gebäudevolumen berechnet. Beim GEG-Rechenverfahren wird hier lediglich zwischen zwei Faktoren unterschieden, nämlich mit und ohne Dichtheitsprüfung. Die Praxiserfahrung zeigt jedoch, dass es hier große Abweichungen im tatsächlichen Lüftungsverhalten der Nutzer gibt.

Für die Fenster ist neben dem U-Wert auch der Gesamtenergiedurchlassgrad zu bestimmen. Dieser sagt uns, wie viel Sonnenenergie das Fenster durchlässt. Hiermit lassen sich die solaren Wärmegewinne berechnen. Dies ist ebenfalls zu berücksichtigen.

Die inneren Wärmegewinne, resultierend aus den Verlusten der Heizungs- und Wärmeerzeugungsanlagen, werden ebenfalls pauschal als Durchschnittswert erfasst und fließen zusammen mit dem solaren Gewinn in die Energiebilanz als Gutschrift ein.

Ein Beispiel einer Wärmebilanz ist in Tabelle 4.1 zu sehen. Tabelle 4.2 führt die flächenbezogenen Energiewerte auf. Das Ergebnis ist der Jahres-Heizwärmebedarf des Gebäudes Q_H bzw. Q auf die beheizte Fläche bezogen und der Primärenergiebedarf Q_p.

Wärmebilanz – Heizung und Trinkwarmwasser

Tabelle 4.1: Beispiel einer Ist-Energiebilanz

Heizung	kWh/a	
Verluste durch Transmission		28 785,2
Außenwandflächen	9433,1	
Dachflächen und oberste Geschossdecke	6151,6	
Unterer Gebäudeabschluss	3622,9	
Fenster	6108,6	
Türen	359,3	
Wärmebrücken	3109,7	
Verluste durch Lüftung		9570,1
Wärmegewinne		-10 594,4
Interne Gewinne	-6969,3	
Solare Gewinne	-3625,1	
Heizwärmebedarf Q_h		**27 760,8**
Wärmeeinträge		-94,5
durch Warmwasserbereitstellung	-94,5	
durch Lüftungsanlage (inkl. Wärmerückgewinnung)	0,0	

Heizung	kWh/a	
Verluste der Anlagentechnik		3127,5
durch Übergabe	688,6	
durch Verteilung	1287,3	
durch Speicherung	0,0	
durch Erzeugung *)	1151,6	
Endenergie Wärmeenergie		**30 793,8**
Hilfsenergie		524,8
Endenergie Heizung gesamt		**31 318,6**

Warmwasser	kWh/a	
Wärmebedarf für Trinkwarmwasser		**2608,4**
Verluste der Anlagentechnik		1542,7
durch Verteilung	210,3	
durch Speicherung	769,1	
durch Erzeugung *)	563,3	
Endenergie Wärmeenergie		**4151,1**
Hilfsenergie		182,7
Endenergie Warmwasser gesamt		**4333,7**

*) u U. negative Werte bei Erzeugung durch Einsatz von Solaranlagen, Wärmepumpen oder Brennwertgeräten

Tabelle 4.2: Flächenbezogene Energiewerte

	Ist-Wert
Spez. Transmissionswärmeverlust [W/(m²K)]	0,926
Spez. Heizwärmebedarf [kWh/m²a]	133,0
Anlagenaufwandszahl [-]	1,33
Spez. Primärenergiebedarf [kWh/m²a]	193,02

Die flächenbezogenen Ergebnisse beziehen sich auf die Gebäudenutzfläche A_N.

4.2.3 Daten der Heizung, Trinkwasserbereitung und Lüftung

Diese drei Bereiche werden jeweils einzeln bilanziert, wobei der Bereich Lüftung sich nur auf mechanische Lüftungsanlagen bezieht. Für den Bereich Heizung müssen entsprechend DIN V 18599 Eingaben zur

- Wärmeübergabe an den Raum,
- Verteilung der Wärme,
- Speicherung der Wärme und
- Wärmeerzeugung

gemacht werden. Parallel hierzu finden sich im Anhang der Norm auch Angaben zu der Hilfsenergie, wie Pumpenstrom und Brennerstrom.

HEIZUNG

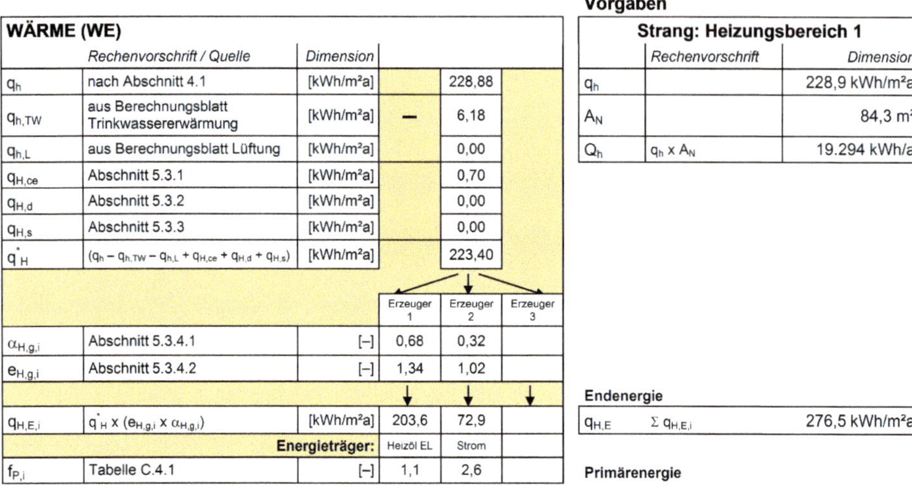

WÄRME (WE)

	Rechenvorschrift / Quelle	Dimension	Erzeuger 1	Erzeuger 2	Erzeuger 3
q_h	nach Abschnitt 4.1	[kWh/m²a]		228,88	
$q_{h,TW}$	aus Berechnungsblatt Trinkwassererwärmung	[kWh/m²a]	–	6,18	
$q_{h,L}$	aus Berechnungsblatt Lüftung	[kWh/m²a]		0,00	
$q_{H,ce}$	Abschnitt 5.3.1	[kWh/m²a]		0,70	
$q_{H,d}$	Abschnitt 5.3.2	[kWh/m²a]		0,00	
$q_{H,s}$	Abschnitt 5.3.3	[kWh/m²a]		0,00	
q^*_H	$(q_h - q_{h,TW} - q_{h,L} + q_{H,ce} + q_{H,d} + q_{H,s})$	[kWh/m²a]		223,40	
$\alpha_{H,g,i}$	Abschnitt 5.3.4.1	[–]	0,68	0,32	
$e_{H,g,i}$	Abschnitt 5.3.4.2	[–]	1,34	1,02	
$q_{H,E,i}$	$q^*_H \times (e_{H,g,i} \times \alpha_{H,g,i})$	[kWh/m²a]	203,6	72,9	
		Energieträger:	Heizöl EL	Strom	
$f_{P,i}$	Tabelle C.4.1	[–]	1,1	2,6	

Vorgaben

Strang: Heizungsbereich 1

	Rechenvorschrift	Dimension
q_h		228,9 kWh/m²a
A_N		84,3 m²
Q_h	$q_h \times A_N$	19.294 kWh/a

Endenergie

$q_{H,E}$	$\Sigma\, q_{H,E,i}$	276,5 kWh/m²a

Primärenergie

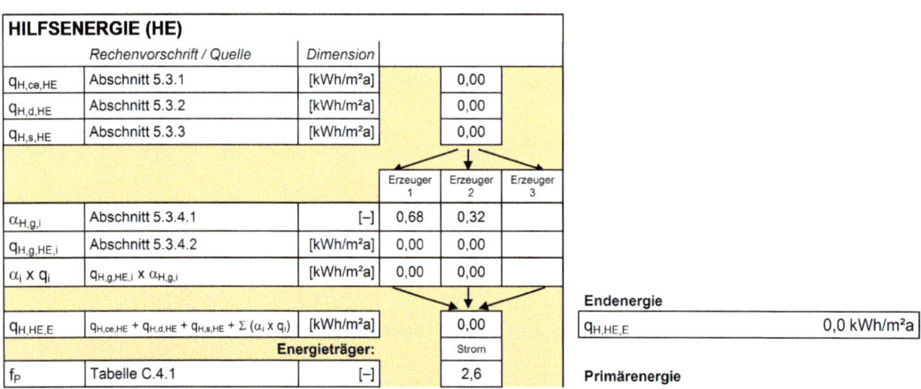

HILFSENERGIE (HE)

	Rechenvorschrift / Quelle	Dimension	Erzeuger 1	Erzeuger 2	Erzeuger 3
$q_{H,ce,HE}$	Abschnitt 5.3.1	[kWh/m²a]		0,00	
$q_{H,d,HE}$	Abschnitt 5.3.2	[kWh/m²a]		0,00	
$q_{H,s,HE}$	Abschnitt 5.3.3	[kWh/m²a]		0,00	
$\alpha_{H,g,i}$	Abschnitt 5.3.4.1	[–]	0,68	0,32	
$q_{H,g,HE,i}$	Abschnitt 5.3.4.2	[kWh/m²a]	0,00	0,00	
$\alpha_i \times q_i$	$q_{H,g,HE,i} \times \alpha_{H,g,i}$	[kWh/m²a]	0,00	0,00	
$q_{H,HE,E}$	$q_{H,ce,HE} + q_{H,d,HE} + q_{H,s,HE} + \Sigma\,(\alpha_i \times q_i)$	[kWh/m²a]		0,00	
		Energieträger:		Strom	
f_P	Tabelle C.4.1	[–]		2,6	

Endenergie

$q_{H,HE,E}$	0,0 kWh/m²a

Primärenergie

Endenergie:				
$Q_{H,WE,E}$	1.	Heizöl EL	$\Sigma\, q_{H,WE1,E} \times A_N$	17.160 kWh/a
	2.	Strom	$\Sigma\, q_{H,WE2,E} \times A_N$	6.147 kWh/a
	3.		$\Sigma\, q_{H,WE3,E} \times A_N$	0 kWh/a

Primärenergie:		
$Q_{H,P}$	$(q_{H,P} + q_{H,HE,P}) \times A_N$	34.857 kWh/a

Abb. 4.3: Berechnungsblatt der Heizungsanlage

Das Gleiche ist für den Bereich Trinkwassererwärmung (Abb. 4.4) und evtl. für den Bereich mechanische Lüftung zu erstellen.

TRINKWASSERERWÄRMUNG

WÄRME (WE)

	Rechenvorschrift / Quelle	*Dimension*	Erzeuger 1	Erzeuger 2	Erzeuger 3
q_{tw}	aus EnEV	[kWh/m²a]		12,50	
$q_{TW,ce}$	Abschnitt 5.1.1	[kWh/m²a]		0,00	
$q_{TW,d}$	Abschnitt 5.1.2	[kWh/m²a]		4,54	
$q_{TW,s}$	Abschnitt 5.1.3	[kWh/m²a]		9,22	
q^{*}_{TW}	$(q_{tw} + q_{TW,ce} + q_{TW,d} + q_{TW,s})$	[kWh/m²a]		26,25	
$\alpha_{TW,g,i}$	Abschnitt 5.1.4.1	[–]	1,00		
$e_{TW,g,i}$	Abschnitt 5.1.4.2	[–]	1,00		
$q_{TW,E,i}$	$q^{*}_{TW} \times (e_{TW,g,i} \times \alpha_{TW,g,i})$	[kWh/m²a]	26,3		
		Energieträger:	Strom		
$f_{P,i}$	Tabelle C.4.1	[–]	2,6		

HILFSENERGIE (HE)

	Rechenvorschrift / Quelle	*Dimension*	Erzeuger 1	Erzeuger 2	Erzeuger 3
$q_{TW,ce,HE}$	Abschnitt 5.1.1	[kWh/m²a]		0,00	
$q_{TW,d,HE}$	Abschnitt 5.1.2	[kWh/m²a]		0,00	
$q_{TW,s,HE}$	Abschnitt 5.1.3	[kWh/m²a]		0,00	
$\alpha_{TW,g,i}$	Abschnitt 5.1.4.1	[–]	1,00		
$q_{TW,g,HE,i}$	Abschnitt 5.1.4.2	[kWh/m²a]	0,00		
$\alpha_i \times q_i$	$q_{TW,g,HE,i} \times \alpha_{TW,g,i}$	[kWh/m²a]	0,00		
$q_{TW,HE,E}$	$q_{TW,ce,HE} + q_{TW,d,HE} + q_{TW,s,HE} + \Sigma(\alpha_i \times q_i)$	[kWh/m²a]		0,00	
		Energieträger:		Strom	
f_P	Tabelle C.4.1	[–]		2,6	

Vorgaben

Strang: Warmwasserbereich 1		
	Rechenvorschrift	*Dimension*
q_{tw}	aus EnEV	12,5 kWh/m²a
A_N		84,3 m²
Q_{tw}	$q_{tw} \times A_N$	1.054 kWh/a

Heizwärmegutschriften

$q_{h,TW,d}$	Abschnitt 5.1.2	2,04 kWh/m²a
$q_{h,TW,s}$	Abschnitt 5.1.3	4,14 kWh/m²a
$q_{h,TW}$	$q_{h,TW,d} + q_{h,TW,s}$	6,18 kWh/m²a

Endenergie

$q_{TW,E}$	$\Sigma\, q_{TW,E,i}$	26,3 kWh/m²a

Primärenergie

Endenergie

$q_{TW,HE,E}$	0,0 kWh/m²a

Primärenergie

Endenergie: $Q_{TW,WE,E}$	1.	Strom	$\Sigma\, q_{TW,WE1,E} \times A_N$	2.213 kWh/a
	2.		$\Sigma\, q_{TW,WE2,E} \times A_N$	0 kWh/a
	3.		$\Sigma\, q_{TW,WE3,E} \times A_N$	0 kWh/a

Primärenergie: $Q_{TW,P}$	$(q_{TW,P} + q_{TW,HE,P}) \times A_N$	5.754 kWh/a

Abb. 4.4: Berechnungsblatt der Trinkwassererwärmung

Die Ergebnisse der einzelnen Teilberechnungen Heizung, Trinkwasser und Lüftung werden im Blatt Anlagenbewertung zusammengefasst (s. Abb. 4.5) und die Anlagenaufwandszahl e_p bestimmt.

Anlagenbewertung nach DIN 4701-10

für ein Gebäude mit normalen Innentemperaturen

Bezeichnung des Gebäudes oder Gebäudeteils: EFH Brenner
Ort: Schlierbach — Straße u. Hausnr.: Steingaustr. 36
Gemarkung: — Flurstücknummer:

I. Eingaben

A_N = 84,3 m² — t_{HP} = 185 Tage

	TRINKWASSER-ERWÄRMUNG	HEIZUNG	LÜFTUNG
absoluter Bedarf	Q_{tw} = 1.054 kWh/a	Q_h = 19.294 kWh/a	

II. Systembeschreibung

	Trinkwasser	Heizung	Lüftung
Übergabe		Elektroheizung Außenwand Thermostatventile, 2 K	
Verteilung	ohne Zirkulation wohnungszentral		
Speicherung	Elektro-Tagspeicher		

Erzeugung	Erzeuger 1	Erzeuger 2	Erzeuger 3	Erzeuger 1	Erzeuger 2	Erzeuger 3	Erzeuger WÜT	Erzeuger L/L-WP	Erzeuger Heizregister
Deckungsanteil	1,00			0,68	0,32				
Erzeuger	Elektrische Trinkwasse			ÖL-Einzelofen	Elektro-Heizung 1				

III. Ergebnisse

Deckung von Q_h — $q_{h,TW}$ = 6,2 kWh/m²a — $q_{h,H}$ = 222,7 kWh/m²a — $q_{h,L}$ = 0,0 kWh/m²a

ENERGIETRÄGER		ENDENERGIE		PRIMÄRENERGIE	
Wärmeenergie (WE)	1. Heizöl EL	$Q_{WE1,E}$	17.160 kWh/a	$Q_{WE1,P}$	18.876 kWh/a
	2. Strom	$Q_{WE2,E}$	8.360 kWh/a	$Q_{WE2,P}$	21.735 kWh/a
	3.	$Q_{WE3,E}$	0 kWh/a	$Q_{WE3,P}$	0 kWh/a
Hilfsenergie (HE):	Strom	$Q_{HE,E}$	0 kWh/a	$Q_{HE,P}$	0 kWh/a

Jahres-Endenergiebedarf	$Q_E = \Sigma Q_{WE,E} + Q_{HE,E}$	Q_E =	25.519 kWh/a
Jahres-Primärenergiebedarf	$Q_P = \Sigma Q_{WE,P} + Q_{HE,P}$	Q_P =	40.611 kWh/a
bezogener Jahres-Primärenergiebedarf	$q_P = Q_P / A_N$	q_P =	481,8 kWh/m²a
Anlagen-Aufwandszahl	$e_P = Q_P / (Q_h + Q_{tw})$	e_P =	2,00 [-]

Abb. 4.5: Zusammenfassung der Bewertungsblätter Heizung, Trinkwassererwärmung und Lüftung

Q_p ist die entscheidende Zahl zur Bestimmung des Jahres-Primärenergiebedarfs. Dieser besagt, wie viel Energie insgesamt benötigt wird, um den Heizwärmebedarf zu decken. Der Jahres-Primärenergiebedarf berücksichtigt alle Anlagenverluste, wie Kesselverlust, Abgasverlust, Verteilverluste, aber auch die vorgelagerte Prozesskette, wie Transport der Energie ins Gebäude und den Energieaufwand zur Erzeugung von Heizöl, Erdgas, Strom oder Pellets. Der Jahres-Primärenergiebedarf wird in den Energiepass eingetragen und mit dem maximal zulässigen Wert für einen vergleichbaren Neubau verglichen.

4.2.4 Ergebnisbereinigung

Wenn diese Werte nicht nur für den Energiepass (normiertes Rechenverfahren), sondern für ein Energiegutachten verwendet werden, müssen diese Werte mit dem tatsächlichen Verbrauch verglichen und gegebenenfalls abgeglichen werden. Dies ist die Regel, weil in der Praxis selten alle Räume voll beheizt werden. Da die berechneten Werte also meistens nicht mit dem tatsächlichen Energieverbrauch übereinstimmen, so ist zunächst der berechnete Jahres-Heizwärmebedarf dahingehend zu bereinigen, dass der Rechenwert, welcher auf dem Witterungsjahr (Messstation Würzburg) beruht, mit der Witterung verglichen wird, die in dem Zeitraum der Verbrauchsermittlung geherrscht hat, und dann gegebenenfalls angepasst wird. Hierzu verwendet man Jahres-Gradtagszahlen. Diese sind die Aufsummierung der Temperaturdifferenzen zwischen Innentemperatur 20 °C und den bestehenden Außentemperaturen über die Heizperiode. Je größer der Wert, desto kälter war das Jahr. Die langjährigen mittleren Gradzahlen sind in der VDI-Richtlinie 2067 Blatt 1 für viele Orte in ganz Deutschland wiedergegeben. Für die Berechnung gibt es auch hier Freewaretools, bei denen eine Vielzahl von Gradtagszahlen und Witterungsregionen hinterlegt ist (beispielsweise vom Institut Wohnen und Umwelt auf *www.iwu.de*).

Eine weitere Korrekturmöglichkeit stellt die Veränderung des Lüftungsfaktors dar. Er sollte möglichst den tatsächlichen Lüftungsgewohnheiten entsprechen. Diese sind entweder vom Nutzer abzufragen oder sie sind bei der Begehung aufgefallen. Gekippte Fenster lassen beispielsweise auf einen hohen Lüftungsfaktor schließen, Kondensat an den Fensterscheiben auf einen niedrigen Lüftungsfaktor. Meist sind aber auch nicht alle Zimmer des Gebäudes gleichmäßig oder gar nicht beheizt. In diesem Fall kommt bei der Berechnung, die von Innentemperaturen von 20 °C ausgeht, ein zu hoher Verbrauch heraus. Es empfiehlt sich dann, entweder mit einem Zonenmodell (Rechenverfahren für Nichtwohngebäude nach DIN 18599) zu rechnen oder die Gradtagszahl der realistischen mittleren Innentemperatur anzupassen.

Die einfachste Möglichkeit, die Endenergie Heizung anzupassen, besteht in den Softwareprogrammen durch die Eingabe eines Kalibrierungsfaktors, der entweder aus einem typischen oder dem tatsächlichen Verbrauch berechnet wird. Ist der tatsächliche Verbrauch nicht bekannt, so sollte man den Kalibrierungsfaktor aus dem typischen Verbrauch verwenden. Ist dagegen der Endenergieverbrauch bekannt, so ist der Faktor aus der Division von tatsächlichem und dem berechneten Endenergieverbrauch zu bilden.

4.3 Berechnung von Sanierungsmaßnahmen

Für die Berechnung der Sanierungsmaßnahmen können nun relativ einfach die entsprechenden Faktoren in der Ist-Energieberechnung verändert werden, um dann einen neuen Jahresenergieverbrauch zu erhalten. Die Differenz zum Energieverbrauch des unsanierten Gebäudes ist die Energieeinsparung. Soll z. B. ein Vollwärmeschutz untersucht werden, so ist zunächst der neue U-Wert der Wand mit Dämmung zu berechnen. Dann muss dieser in der Energiebilanzberechnung verändert werden, um das neue Ergebnis zu bekommen.

Ähnlich verhält es sich bei einem Kesselaustausch. Vom Kesselhersteller wird teilweise bereits die Anlagenaufwandszahl bereitgestellt. Anderenfalls ist sie hier wie bereits beschrieben neu zu berechnen. Damit bekommt man einen neuen Energie- und Primärenergieverbrauch. Die Differenz zum Energieverbrauch des unsanierten Gebäudes ist wieder die Energieeinsparung.

4.3.1 Heizkesselsanierung

Wird die Berechnung der Einsparung z. B. aufgrund eines neuen Kessels oder einer Wärmepumpe durchgeführt, so kann man in den Softwareprogrammen verschiedene Parameter, wie Temperaturniveau, Regelvarianten, Speichergrößen, Pumpen, einstellen. Diese sollte man möglichst genau eingeben, da sie einen wesentlichen Einfluss auf die Heizungsverluste haben. Ist bereits das Fabrikat und der Typ des neuen Wärmeerzeugers bekannt, so sollten diese verwendet werden. Für viele gängige Modelle sind die Daten bereits in den Programmen hinterlegt. Es kann deshalb durchaus sinnvoll sein, hier auf andere Berechnungsprogramme z. B. von Herstellerfirmen zurückzugreifen. Diesen liegt meist als Rechenbasis die VDI 2067 zugrunde. Sollte man hier das Rechenverfahren ändern, ist jedoch darauf zu achten, dass die Rahmenbedingungen gleich angesetzt werden (z. B. Ist-Energieverbrauch, Klimazone, Raumtemperatur). Die Ergebnisse sind dann genauer und die Einsparung meist höher.

4.3.2 Solarthermieanlage

Ähnliches gilt auch für die Solaranlage. Hier wird bei der Berechnung nach DIN 18599 nur zwischen Warmwasserbereitung und Heizungsunterstützung unterschieden. Dabei können jeweils verschiedene Anlagenparameter für die Kollektoren und Speichervarianten berücksichtigt werden. Genauere Ergebnisse sind möglich, wenn man Simulationen über das Jahr durchführt. Auch hierfür werden von verschiedenen Herstellern kostenlos Berechnungsprogramme zur Verfügung gestellt. Ein käuflich zu erwerbendes EDV-Programm ist „T-Sol" der Firma Valentin. Dieses deckt alle Varianten ab und liefert gute Ergebnisse.

Eine detaillierte Berechnung ist sinnvoll, da die verschiedenen Hersteller unterschiedliche Konstruktionen der Bauteile anbieten (z. B. Flachdachkollektoren, Röhrenkollektoren, Bivalentspeicher, Schichtspeicher mit integriertem Wasserspeicher oder Frischwasserstation). Die Erfahrung sowie verschiedene Vergleichstests zeigen, dass es wesentlich auf die einzelnen Komponenten, deren Auslegung und das Zusammenspiel der einzelnen Teile (Kollektor, Speicher, Regelung, Warmwasserleitung) ankommt. Das sollte auch in der Berechnung seinen Niederschlag finden, um exakte und realistische hohe Einsparungen zu bekommen.

4.3.3 Photovoltaikanlage

Der energetische Ertrag und somit die zu erzielende Einspeisevergütung müssen mit einem separaten Programm berechnet werden, da in der DIN 18599 lediglich die Einsparung für die technische Anlage berechnet wird. Durch eine Photovoltaikanlage wird darüber hinaus aber auch der Haushaltsstromverbrauch teilweise substituiert. Dadurch und auch durch die Überschusseinspeisung erhöht sich die Einsparung der Anlage. Hierfür gibt es auch wieder verschiedene Freeware-Programme, wie unter *www.pv-phil.com* oder *https://stromrechner.ibc-solar.de/*, mit denen eine Online-Berechnung durchgeführt werden kann. Mit diesem Tool *https://re.jrc.ec.europa.eu/pvg_tools/en/* lässt sich schnell abschätzen, ob eine PV-Anlage sinnvoll ist.

Ob sich ein Batteriespeicher zur Erhöhung des Eigenverbrauchsanteils rechnet, lässt sich mit folgendem Programm abschätzen: *https://solar.htw-berlin.de/rechner/unabhaengigkeitsrechner/* (siehe Abbildung 4.6).

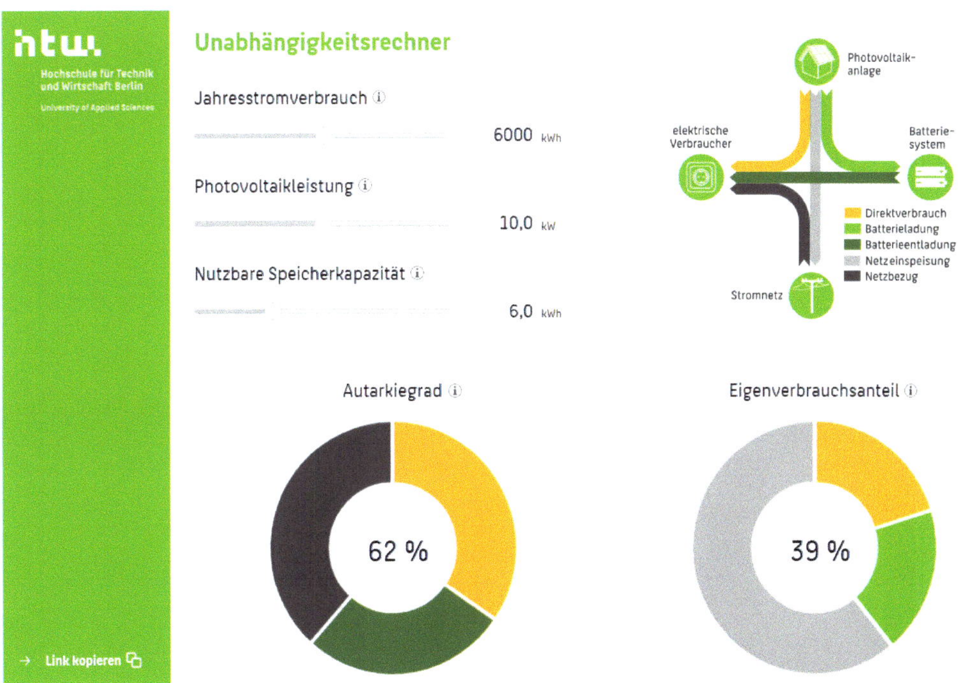

Abb. 4.6: Autarkiegrad und Eigenverbrauchsanteil je nach Größe des PV-Speichersystems lassen sich mit dem Unabhängigkeitsrechner der HTW Berlin abschätzen (Quelle: HTW Berlin)

4.3.4 Blockheizkraftwerk

Auch Werte zum Blockheizkraftwerk lassen sich nicht nach DIN 18599 berechnen, weil der Stromverbrauch nicht Teil der Berechnung nach GEG für Wohngebäude ist. Es gibt käuflich zu erwerbende Software, wie „Energy-Pro" oder „BHKW-Plan". Diese sind recht genau, aber ziemlich komplex im Aufbau und den Eingabemöglichkeiten. Firmensoftware ist hier einfacher zu bedienen. Da die Berechnung aber nicht immer nachvollziehbar ist, empfiehlt es sich, die oft recht positiven Ergebnisse fachlich kritisch zu bewerten. Einfache Programme zur überschlägigen Berechnung bieten z. B. die Firmen Senertec und Ecopower.

4.4 KfW-Effizienzhaus

Das BAFA schreibt vor, dass ein Maßnahmenpaket zur Sanierung mindestens einen KfW-Effizienzhausstandard erreicht. Die niedrigste Anforderung stellt ein KfW-85-Haus dar. Das bedeutet, dass es im sanierten Zustand 85 % der Energie eines Neubaus verbrauchen darf. Das Neubauniveau wird durch das sogenannte Referenzgebäude definiert. Dies ist ein Gebäude gleicher Geometrie mit definierten U-Werten und Technik.

Diese Berechnung ist nach GEG durchzuführen. Eine Verbrauchsbereinigung oder genauere Betrachtung von technischen Anlagen ist hier nicht möglich. Es sind also in der Regel zwei Berechnungen durchzuführen. Dies ist aber mit den Softwareprogrammen leicht zu erledigen.

5 Beispiel einer Vor-Ort-Energieberatung

Bei dem nachfolgend dargestellten Beispiel handelt es sich um ein Zweifamilienhaus.

Abb. 5.1: Südwestansicht

Abb. 5.2: Südostansicht

Abb. 5.3: Nordwestansicht

Abb. 5.4: Nordostansicht

5.1 Pläne

Nicht immer sind Pläne eines Gebäudes vorhanden. Auch kommt es vor, dass nur unvollständige Unterlagen existieren. Meist sind jedoch zumindest die Baugesuchspläne zur Hand. Ausführungspläne findet man dagegen selten. Die Abbildungen 5.5 bis 5.8 zeigen Pläne des Beispielhauses.

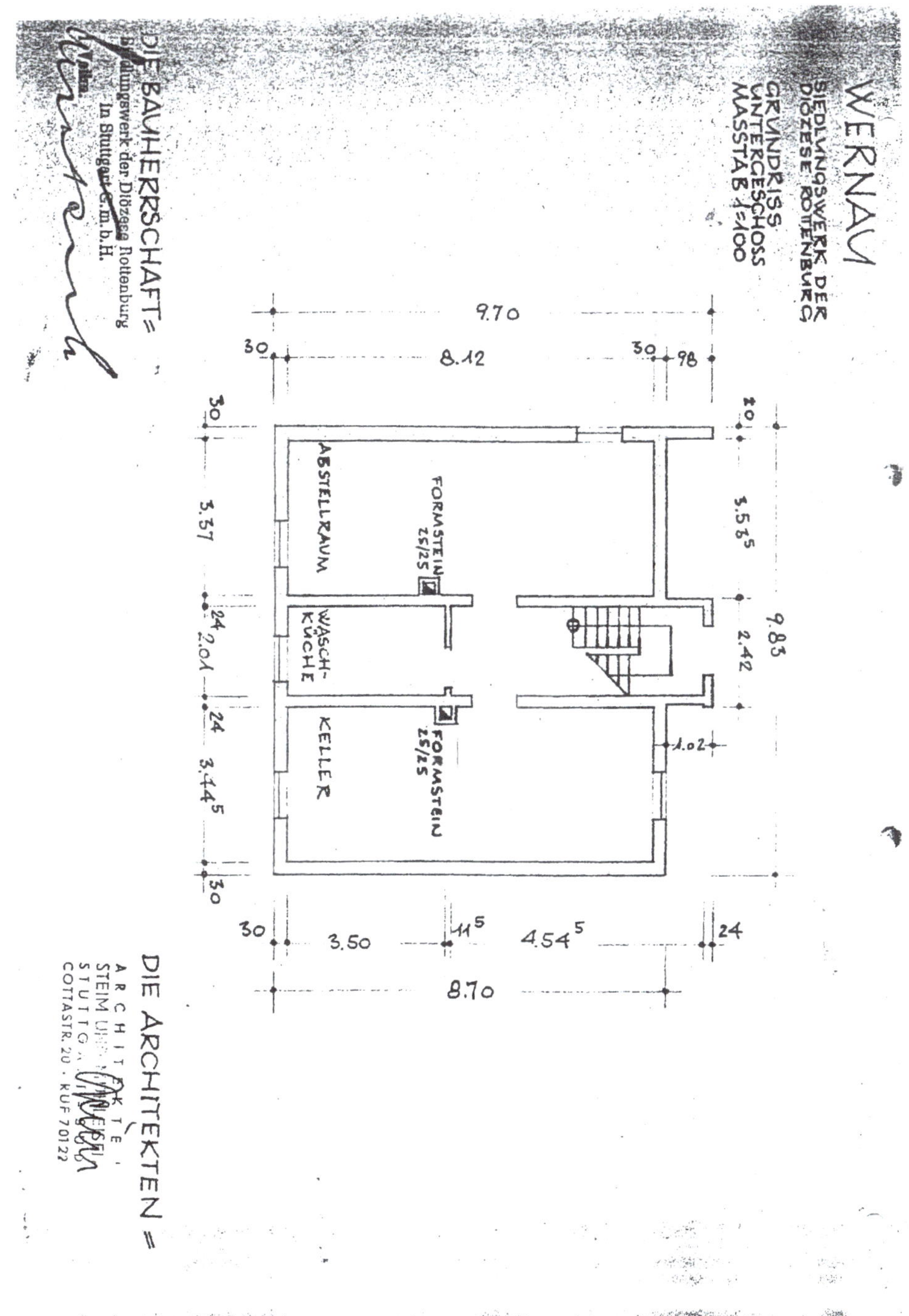

Abb. 5.5: Plan des Untergeschosses

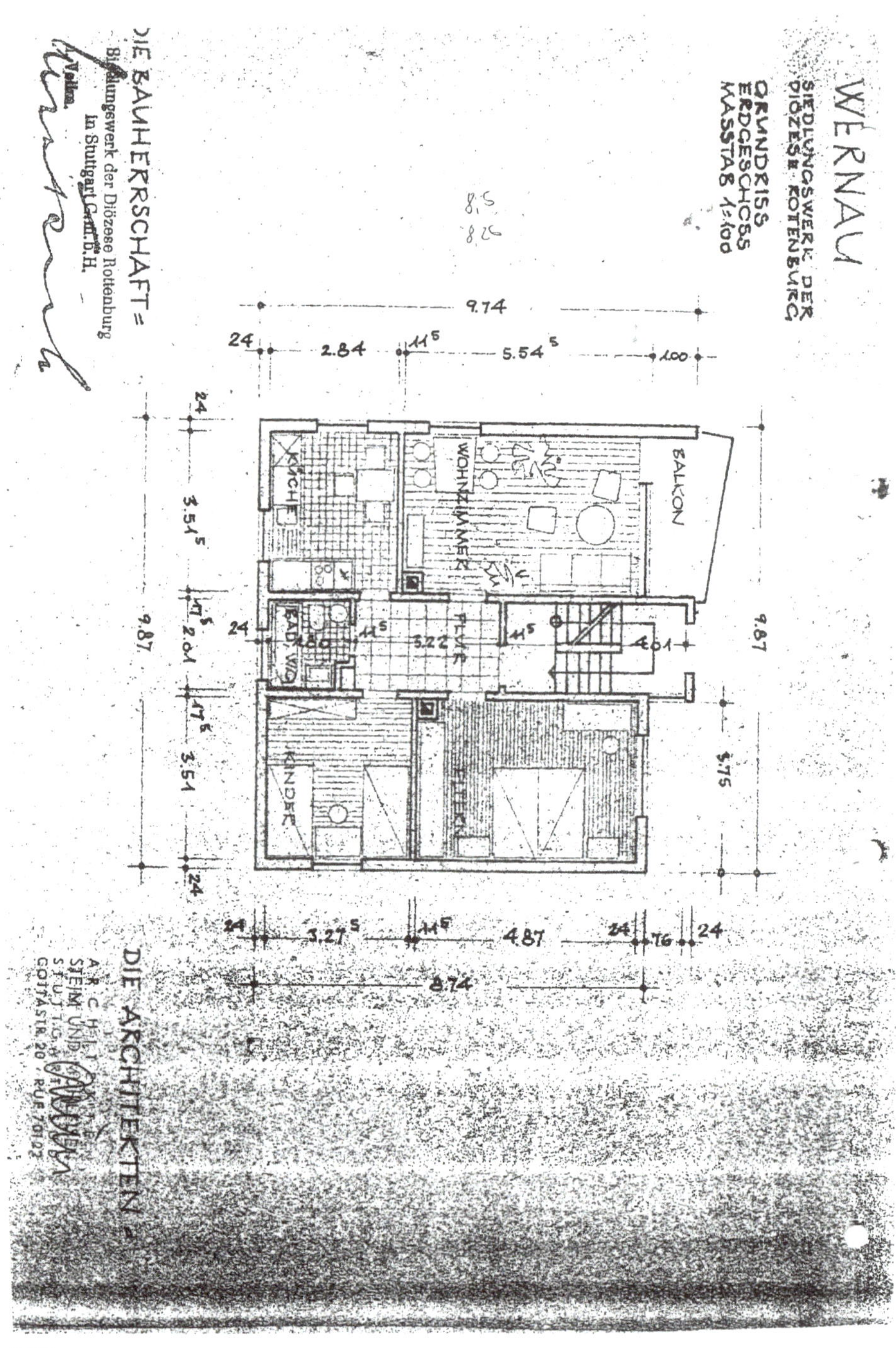

Abb. 5.6: Plan des Erdgeschosses

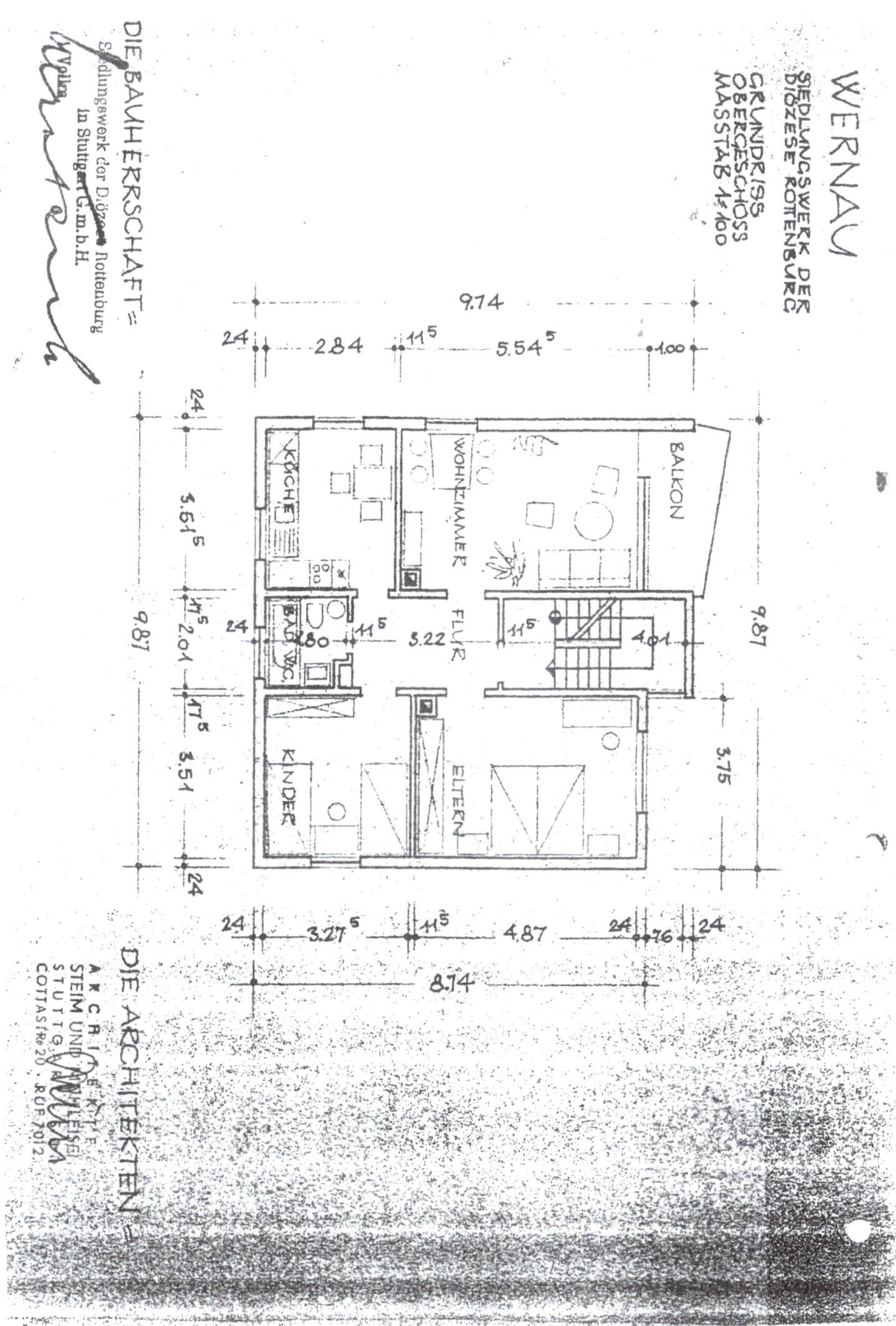

Abb. 5.7: Plan des Obergeschosses

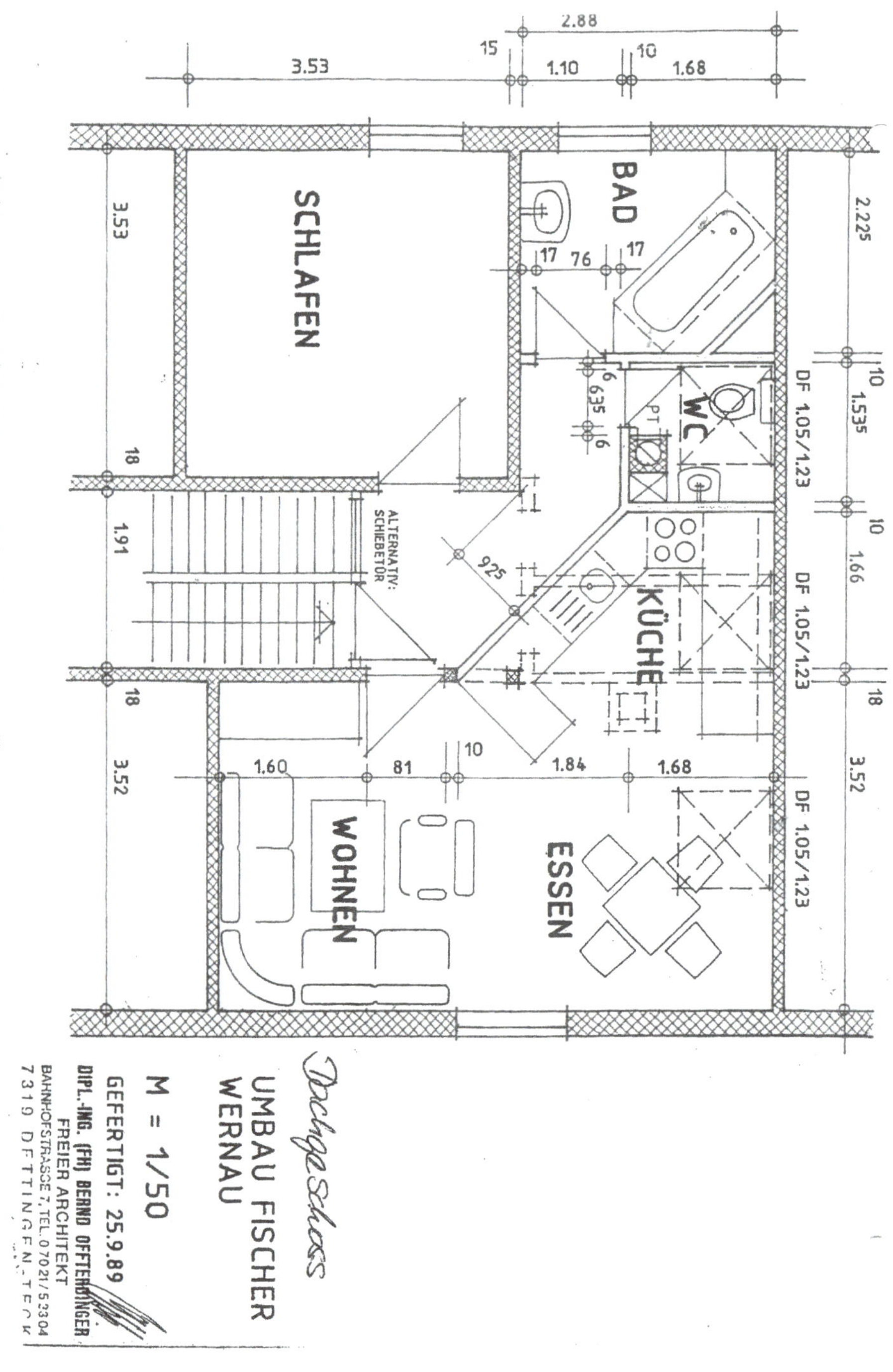

Abb. 5.8: Plan des Dachgeschosses

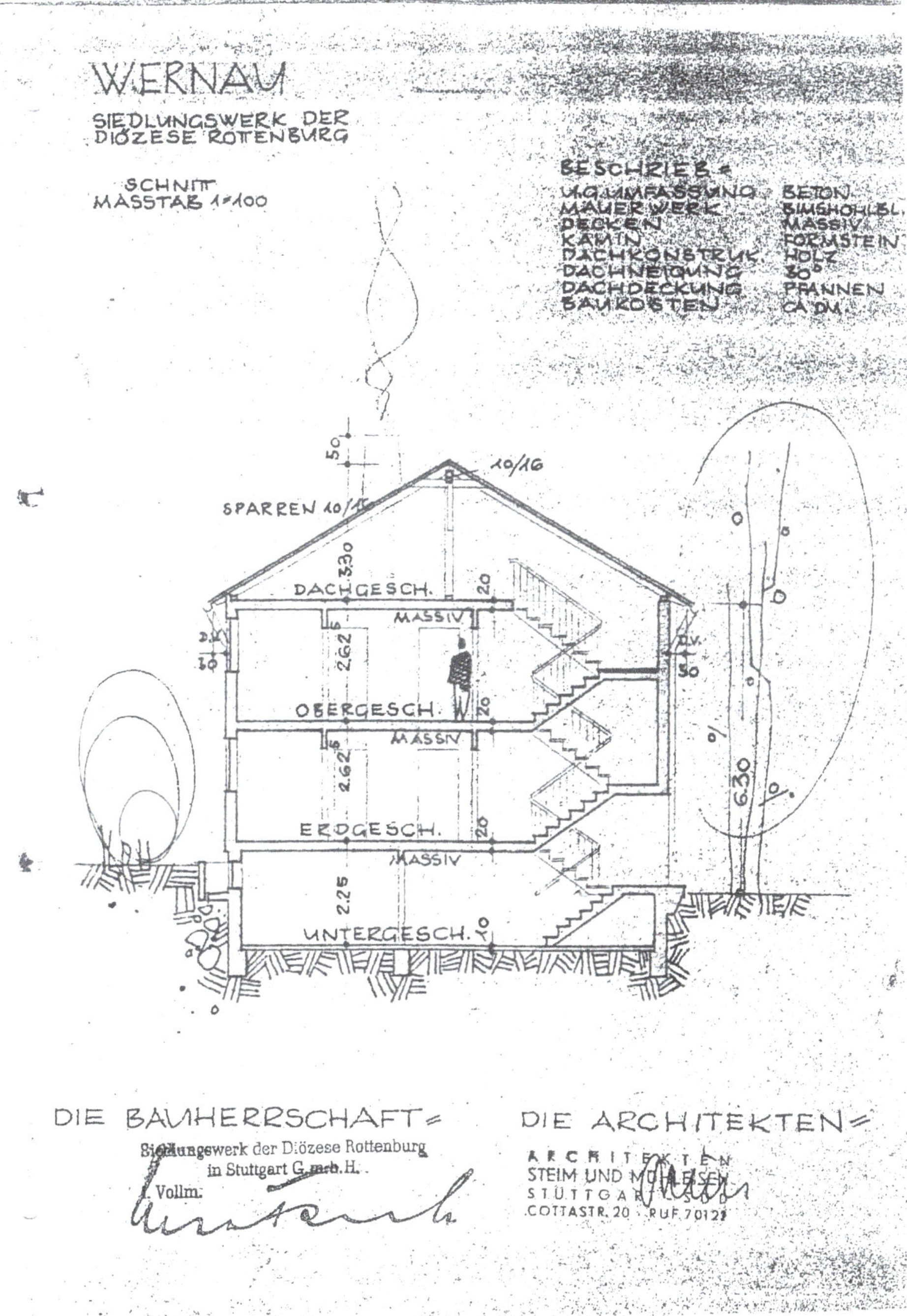

Abb. 5.9: Schnitt

Abb. 5.10: Ansicht Süd-Ost

Abb. 5.11: Ansicht Nord-Ost

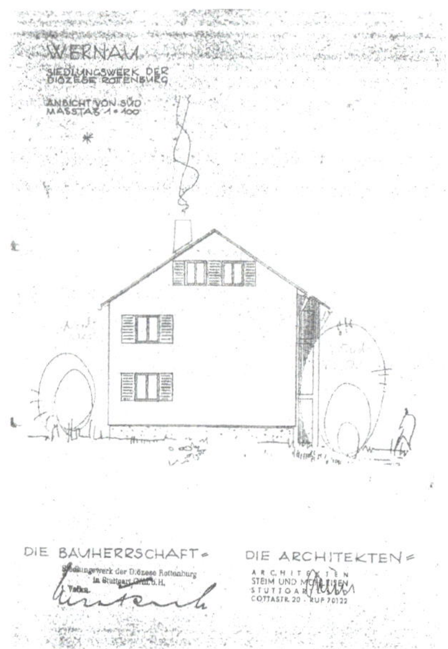

Abb. 5.12: Ansicht Süd-West

Abb. 5.13: Ansicht Nord-West

5.2 Datenaufnahme

Meist ist im Baugesuch eine Baubeschreibung enthalten (vgl. Abb. 5.14). Je nachdem, wie umfangreich bzw. detailliert diese vorhanden ist, sind die meisten Bauteile darin beschrieben.

Anlage zum Bauantrag

Bauherr (Vor- und Zuname)		**egz. Nr.**
Bauort		

Baubeschreibung

Fragen	Antwort des Antragstellers bzw. Planverfassers	Bearbeitungsvermerke der Baurechtsbehörde
1. Welchem **Zweck** soll das Gebäude dienen?	Wohngebäude	
2. Bei **Gewerbebetrieb:** Betriebszweig (Besondere Anlage nach § 4 Abs. 2 BauVorlVO erforderlich *)	---	
3. **Umbauter Raum** (DIN 277)	519 m³	
4. Reine **Baukosten** ohne Kosten nach Ziffer 5 (DIN 276) davon Rohbaukosten	226 000,-- DM DM	
5. Kosten der Wasserversorgungs- und Abwasserbeseitigungsanlagen	[illegible] 000,-- DM	
6. Beschaffenheit und Merkmale des **Baugrundes**	[illegible] - Lehm	
7. **Fundamente** (Gründungsart und Baustoff)	Beton	
8. **Außenwände** (Baustoff) Untergeschoß Erdgeschoß Obergeschoß	Beton Bims Bisotherm	
9. **Trennwände** (Baustoff) Untergeschoß Erdgeschoß Obergeschoß Dachgeschoß	Ziegel Bims	
10. **Decken** (Baustoff) über Untergeschoß über Erdgeschoß über Obergeschossen	Stahlbeton Massivdecken	
11. **Dach** (Konstruktion und Baustoff)	Satteldach/Holz	
12. **Dachdeckung** (Baustoff, Farbe)	engobierte Ziegel rotbraun	
13. **Treppen** (Baustoff) Untergeschoß Erdgeschoß Obergeschosse	System Stahl-Holz Treppen	
14. **Spül- oder Trockenaborte** Art der Entlüftung innenliegender Aborte	Spülaborte ☐ Trockenaborte ☐	
15. Besondere bauliche **Einrichtungen** (z. B. Aufzug oder dergleichen)	[illegible] leicht getönt	
16. Baustoff und Farbe der **Außenflächen** des Gebäudes	[illegible]	
17. Art der **Einfriedigung**		

*) BOORBERG Vordruck Nr. 3101/2 B – Zusätzliche Baubeschreibung für gewerbliche Anlagen –

Abb. 5.14: Baubeschreibung

Aus dem Beispiel in Abb. 5.14 kann entnommen werden, dass die Außenwände im Erdgeschoss und Obergeschoss aus einem Bims-Mauerstein gemauert wurden und außen mit einem Mörtelputz versehen sind. Das Dach besteht aus einer Holzsparren-Konstruktion, die Decke über dem UG ist eine massive Stahlbetondecke.

Bei der Ortsbesichtigung wurde jedoch festgestellt, dass im Untergeschoss der Kellerraum beheizt ist und der Dachraum ausgebaut und ebenfalls beheizt ist.

Weiterhin ist den Plänen zu entnehmen, dass sich der Heizraum im Untergeschoss befindet. Hier ist ein Ölkessel, Fabrikat Brötje Logobloc Unit (Leistung 20 kW), aufgestellt. Die Räume werden über eine Pumpen-Warmwasserheizung mit Kompaktheizkörpern und Thermostatventilen beheizt. Im Heizraum ist weiterhin ein indirekt beheizter 200-Liter-Warmwasserspeicher aufgestellt. Das Gebäude ist mit einer Warmwasserzirkulationsleitung ausgestattet.

Der Flur und das Treppenhaus haben keinen Heizkörper.

Die Fenster sind Holzfenster mit Isolierverglasung, mit Ausnahme des Schlafzimmers im 1. OG. Hier ist ein neues Fenster mit Dreischeibenverglasung (Uw = 0,8 W/m²K) eingebaut.

Die Haustüre wurde erneuert.

Das Dach ist mit 14 cm Mineralwolle zwischen den Sparren gedämmt und 8 cm Holzweichfaserplatte darüber. Darunter befindet sich eine Gipskartonplatte. Die Decke über dem Keller besteht aus 24 cm Stahlbeton. Darauf befinden sich 40 mm Estrich.

Nicht immer ist die vorhandene Baubeschreibung so ergiebig. Dann sind die Bauteile vor Ort zu messen. Ist z. B. im Plan eine Rohdecke mit 18 cm Stärke dargestellt, tatsächlich misst aber der gesamte Deckenaufbau 27 cm mit Fliesenbelag, so lässt sich aus diesen Angaben schließen, dass 2 cm Dämmung und 4 cm (Mindestdicke) Estrich vorhanden sind. Auch kann der Hausbesitzer befragt werden, ob beim Bohren das Bohrmehl grau, weiß oder rot ist und ob Hohlräume in der Wand vorhanden sind.

Dies gibt Aufschluss darüber, ob es sich um Ziegel-, Kalksand- oder Bimssteine handelt und ob diese Hohlkammern aufweisen (z. B. HLZ = Hohllochziegel).

Falls die Bauteilaufbauten gänzlich unbekannt sind, so kann auf die bauraltersspezifische Bauteilliste zurückgegriffen werden. Diese wurde vom BAFA am 8.10.2020 in den „Regeln zur Datenaufnahme und Datenverwendung im Wohngebäudebestand" bekannt gemacht. Diese Bekanntmachung ist sehr zu empfehlen, da sie viele hilfreiche Hinweise zur Datenaufnahme enthält.

5.3 Berechnung

Sinn der Energiebilanz des Bestands ist es, die Wärmeströme – insbesondere die Verlustströme des Gebäudes – sichtbar zu machen, damit Ansatzpunkte für die Modernisierung gefunden werden. Alle Erkenntnisse der Bestandsaufnahme finden sich hier wieder. Die Ergebnisse der Bilanz sollten dem Verbrauch des untersuchten Gebäudes in etwa entsprechen. Es ist eine Genauigkeit von +/– 10 % anzustreben.

Achtung: Die Ergebnisse der Bestandsbilanz dienen nur der Erarbeitung des Berichts für die Hausbesitzer, nicht diversen anderen Nachweisen (GEG, KfW, Passivhaus, dena-Energiepass usw.). Diese werden mit anderen Softwareprogrammen bzw. unter anderen Rahmenbedingungen erstellt!

5.3.1 Ist-Energiebilanz

Die Berechnung beginnt normalerweise mit der Ermittlung des U-Wertes. Sie erfolgt heute in der Regel mit einer Software (s. Abschn. 4.2).

Zur Berechnung der Transmissionswärmeverluste werden alle Flächen berücksichtigt, die den beheizten Gebäudebereich nach außen – gegen Luft oder Erdreich – und zu unbeheizten Räumen hin abschließen.

Trennflächen zu Räumen mit gleicher Nutzung und Temperatur, beispielsweise Wände zwischen Reihenhäusern, werden wärmetechnisch als neutral betrachtet und nicht berücksichtigt.

Sind die U-Werte berechnet, die Flächen berücksichtigt und die Heizung sowie die Warmwasserbereitung definiert, wird die Ist-Energiebilanz ermittelt. Hierfür kann z. B. die GEG-Berechnung als Grundlage dienen.

Beim untersuchten Gebäude teilen sich die Transmissionsverluste wie in Abb. 5.15 gezeigt auf (100 % = 17 706 kWh/a).

Nr.	Name	Gewinne [kWh/a]	Verluste [kWh/a]
1	FB UG	0	1.391
2	AW UG SW	0	905
3	AW UG SO	0	1.325
4	Fenster UG SO	0	58
5	IW UG Treppenhaus gegen beheizt	0	713
6	IW UG Treppenhaus gegen beheizte Waschküche	0	1.455
7	FB EG gegen Keller (Tankraum)	0	288
8	FB EG gegen unbeheizt	0	2.733
9	AW EG-DG SW	789	6.508
10	Fenster EG-DG SW	2.081	916
11	AW EG-DG SO	721	5.138
12	Fenster EG-DG SO	2.545	1.028
13	Fenster EG-DG SO $U_w = 0{,}8$	535	157
14	Eingangstür	42	300
15	AW EG-DG NO	280	6.215
16	Fenster EG-DG NO	921	634
17	AW EG-DG NW	180	5.306
18	Fenster EG-DG NW	676	507
19	Dach Südost	195	851
20	Dachfenster	790	272
21	Dach Nordwest	95	946
22	Dachfenster	237	136
	Wärmebrücken		3.887

Abb. 5.15: Gewinne und Verluste der Bauteile (H'_T)

Der spezifische Transmissionswärmeverlust des untersuchten Gebäudes beträgt 0,965 W/(m²K). Dieser Wert ist maßgebend für die Bewertung der Wärmedämmung der Gebäudehülle.

$$H'_{\mathrm{T}} = \frac{H_{\mathrm{T}}}{A}$$

Nach GEG wäre für dieses Gebäude mit einem A/V-Verhältnis von 0,74 ein maximaler Wert von 0,389 W/(m²K) zulässig. Der spez. Transmissionswärmeverlust vom Referenzgebäude beträgt 0,365 W/(m²K).

Nun muss noch die Anlagentechnik berechnet werden.

Mit folgenden Eingaben für den Wärmeerzeuger (Abbildung 5.16):

Erzeuger	Niedertemperaturkessel
Baujahr	2003
Art des Erzeugers	Gebläsekessel
Umgebung	Standardrandbedingungen unbeheizt
Umgebungstemperatur (Jahresdurchschnitt) [°C]	13,0
Energieträger	Heizöl EL
kombinierter Wärmeerzeuger für Heizung und Trinkwarmwasser:	
zugehörige Trinkwarmwassereinheit	Warmwasserwärmer
Vor-/Rücklauftemperatur [°C]	70,0/55,0
Nennleistung-Kesselwirkungsgrad aus Abgasverlust	nein
Pumpenmanagement	Pumpenmanagement aufgrund externer Temperatur
elektrische Kesselregelung vorhanden	nein
Kessel-Nennleistung [kW]	26,48 (Standardwert)
Betriebsbereitschaftsverlust bei 70 °C [-]	0,011 (Standardwert)
Kesselwirkungsgrad bei Nennleistung [-]	0,906 (Standardwert)
elektrische Leistungsaufnahme Nennlast [kW]	0,217 (Standardwert)
Leistungsaufnahme Schlummerbetrieb [kW]	0,000 (Standardwert)
Kesselwirkungsgrad bei Teillast [-]	0,911 (Standardwert)
Lastbereich Teillast [-]	0,300 (Standardwert)
elektrische Leistungsaufnahme Teillast [kW]	0,072 (Standardwert)

Abb. 5.16: Kesselanlage

werden diese Ergebnisse errechnet (Abbildung 5.17):

	Wärmeenergie [kWh/a]		Hilfsenergie [kWh/a]	
	für statische Systeme	**für RLT-Anlagen**	**für statische Systeme**	**für RLT-Anlagen**
Zu deckender Nutzenergiebedarf	40.683,36	0,00	–	–
+ Verluste durch Speicherung	0,00	0,00	0,00	0,00
+ Verluste durch Verteilung	5.241,24	0,00	257,20	0,00
+ Verluste durch Übergabe	4.385,21	0,00	0,00	0,00
= erforderliche Erzeugernutzenergie	50.309,81	0,00	–	–
– regenerativer Anteil	0,00	0,00	–	–
+ Verluste durch Erzeugung	9.988,34	0,00	435,27	0,00
= Endenergiebedarf	60.298,15	0,00	692,47	0,00

Abb. 5.17: Verluste der Kesselanlage

Hinzu kommen noch die Verluste der Trinkwarmwasseranlage (Abbildung 5.18):

	Wärmeenergie [kWh/a]	Hilfsenergie [kWh/a]
Zu deckender Nutzenergiebedarf	2.495,66	–
+ Verluste durch Speicherung	0,00	0,00
+ Verluste durch Verteilung	2.401,09	40,36
= erforderliche Erzeugernutzenergie	4.896,75	–
– regenerativer Anteil	0,00	–
+ Verluste durch Erzeugung	349,16	40,10
= Endenergiebedarf	5.245,91	80,46

Abb. 5.18: Verluste der Trinkwasserbereitung

Brennstoffverbrauch

In den letzten Jahren wurden folgende Energieverbräuche dokumentiert:

Energieverbrauch				
	2020	2021	2022	Mittelwert
Heizöl	35000 kWh	33430 kWh	35550 kWh	34660 kWh

Der mittlere Energieverbrauch für Raumwärme und Warmwasserbereitung beträgt somit **34660 kWh/a**.

Diese Werte müssen noch, um vergleichbar zu sein, witterungsbereinigt werden. Der witterungsbereinigte Energieverbrauch für Raumwärme und Warmwasserbereitung beträgt damit **41312 kWh/a**.

Die Abweichung der Berechnung zum tatsächlichen Verbrauch liegt also bei 31 %. Ein Ergebnis mit einer geringeren Abweichung als 10 % kann ohne weitere Erklärung akzeptiert werden, da das gewählte vereinfachte Rechenverfahren sowieso keine genaueren Ergebnisse erwarten lässt. Diese möglichen Abweichungen sollten dem Auftraggeber mitgeteilt werden, damit keine zu großen Erwartungen an die Genauigkeit erweckt werden. Im vorliegenden Fall stellte sich im Gespräch heraus, dass das 1. Obergeschoss praktisch nicht beheizt wird, was den geringeren Energieverbrauch und damit die relativ hohe Abweichung der Rechnung erklärt.

Bei dem gewählten Rechenprogramm besteht die Möglichkeit, einen Nutzungsfaktor einzugeben. Wenn die Berechnung nicht für einen KfW-Kredit oder den Energieausweis erstellt wird, kann der Nutzungsfaktor verwendet werden. Dadurch werden die möglichen Einsparungen der Sanierungsmaßnahmen geringer und somit realistischer.

Die anteiligen Wärmeverluste der Bautechnik sind in Abb. 5.19 anschaulich dargestellt. Aus diesem Diagramm wird ersichtlich, dass die meiste Heizenergie durch die Außenwände, Fenster und die Dachflächen verloren geht.

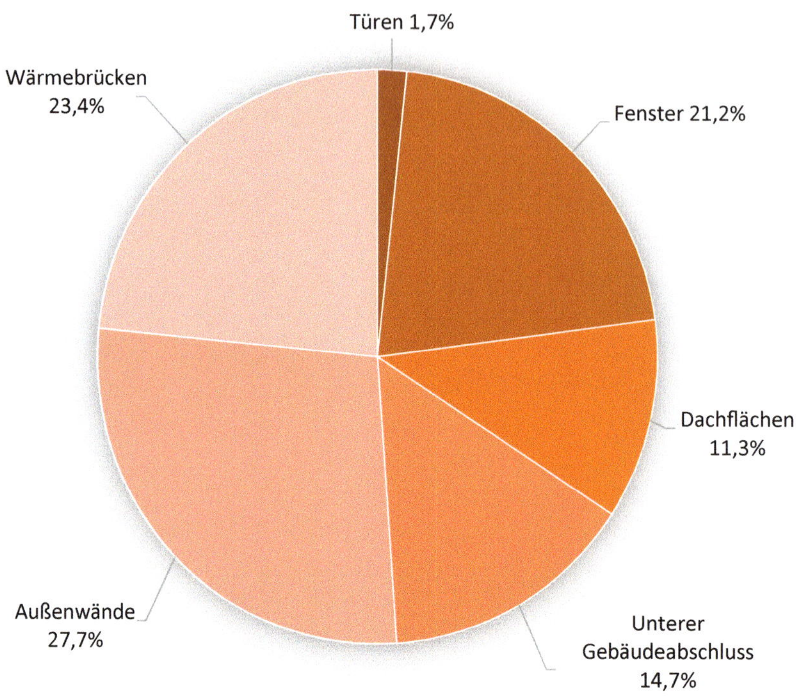

Abb. 5.19: Verteilung der Verluste der Gebäudehülle

Im Anschluss werden die einzelnen Sanierungsmaßnahmen durchgerechnet. Dafür werden die entsprechenden Faktoren verändert. Die Differenz der Endenergieverbräuche zum Ist-Verbrauch ergibt die jeweiligen Einsparungen.

5.3.2 Maßnahmen

Folgende Maßnahmen erscheinen möglich, um den Energieverbrauch des Beispielgebäudes zu senken:

- Fassadendämmung durch ein Wärmedämmverbundsystem mit 16 cm Dämmstärke in der Wärmeleitgruppe 035.
- Fenstererneuerung mit einem Uw-Wert von 0,9 W/(m²h).
- Dämmung der Kellerdecke und Wände im UG von beheizten Räumen mit 12 cm Polystyrolplatten WLG 035.
- Einbau einer Luft/Wasser-Wärmepumpe oder einer Sole/Wasser-Wärmepumpe mit 10 kW.
- Installation einer thermischen Solaranlage mit 8 m² Kollektorfläche zur Warmwasserbereitung.
- Installation einer Photovoltaikanlage mit 10 kWp und einem Stromspeicher von 10 kWh.

Diese Maßnahmen werden zu einzelnen Maßnahmenpaketen zusammengefasst. Dies ist nicht nur sinnvoll, sondern auch durch das BAFA vorgeschrieben.

Das Maßnahmenpaket 1 besteht aus allen Dämmmaßnahmen im Untergeschoss.

Das Maßnahmenpaket 2 besteht aus der Dämmung der Außenwand.

Das Maßnahmenpaket 3 besteht aus der Luft/Wasser-Wärmepumpe und der Photovoltaikanlage mit 10 kWp.

Das Maßnahmenpaket 4, alternativ zum Paket 3, besteht aus der Luft/Wasser-Wärmepumpe und der Photovoltaikanlage mit 8 kWp sowie einer thermischen Solaranlage mit 8 m².

5.3.3 Vergleich der Maßnahmenpakete

Zu beachten ist, dass die Einsparungen je Maßnahme immer zum Ist-Zustand ins Verhältnis zu setzen sind, damit die Berechnung der Maßnahmen vergleichbar ist. Werden Maßnahmenpakete vorgeschlagen, wie in diesem Fall, so sind diese gesondert zu rechnen, da die Summe der einzelnen Einsparungen nicht die tatsächliche Einsparung durch ein Maßnahmenpaket darstellt. Die Ursache hierfür liegt in den kürzeren Laufzeiten des Heizkessels und den daraus resultierenden höheren Betriebsbereitschaftsverlusten.

Tabelle 5.1: Vergleich der Maßnahmenpakete

Bezeichnung	Ausgangsfall	Dämmung Kellerdecke, IW UG	Plus Dämmung Außenwand	Plus WP-LW und 10 PV	Alt. plus WP-LW und 8 PV und Solar
Nutzenergiebedarf gesamt [kWh/a]	44.551,5	38.063,1	20.422,6	20.451,0	20.451,0
Endenergiebedarf gesamt [kWh/a]	54.440,8	46.404,4	24.692,5	5.887,2	6.164,4
Primärenergiebedarf gesamt [kWh/a]	58.510,3	50.167,4	27.620,1	10.597,0	11.095,8
Nutzenergiebedarf Heizung [kWh/a]	42.055,9	35.567,5	17.926,9	17.955,3	17.955,3
Nutzenergiebedarf Warmwasser [kWh/a]	2.495,7	2.495,7	2.495,7	2.495,7	2.495,7
Endenergiebedarf Heizung [kWh/a]	51.874,3	43.838,0	22.126,7	5.816,9	6.041,5
Endenergiebedarf Warmwasser [kWh/a]	2.566,5	2.566,4	2.565,8	70,3	122,9
Primärenergiebedarf Heizung [kWh/a]	53.890,6	45.548,0	23.001,6	10.470,5	10.874,7
Primärenergiebedarf Warmwasser [kWh/a]	4.619,7	4.619,5	4.618,5	126,5	221,2
Spez. Nutzenergiebedarf gesamt [kWh/(m²a)]	207,0	176,8	94,9	95,0	95,0
Spez. Endenergiebedarf gesamt [kWh/(m²a)]	252,9	215,6	114,7	27,4	28,6

Bezeichnung	Ausgangs-fall	Dämmung Kellerdecke, IW UG	Plus Dämmung Außen-wand	Plus WP-LW und 10 PV	Alt. plus WP-LW und 8 PV und Solar
Spez. Primärenergiebedarf gesamt [kWh/(m²a)]	271,84	233,08	128,32	49,23	51,55
Spez. Nutzenergiebedarf Heizung [kWh/(m²a)]	195,4	165,2	83,3	83,4	83,4
Spez. Nutzenergiebedarf Warmwasser [kWh/(m²a)]	11,6	11,6	11,6	11,6	11,6
Spez. Nutzenergiebedarf Kühlung [kWh/(m²a)]	0,0	0,0	0,0	0,0	0,0
Spez. Endenergiebedarf Heizung [kWh/(m²a)]	241,0	203,7	102,8	27,0	28,1
Spez. Endenergiebedarf Warmwasser [kWh/(m²a)]	11,9	11,9	11,9	0,3	0,6
Spez. Primärenergiebedarf Heizung [kWh/(m²a)]	250,38	211,62	106,87	48,65	50,52
Spez. Primärenergiebedarf Warmwasser [kWh/(m²a)]	21,46	21,46	21,46	0,59	1,03
Gebäudevolumen [m³]	672,6	672,6	672,6	672,6	672,6
Nutz- bzw. Nettogrund-fläche [m²]	215,2	215,2	215,2	215,2	215,2
Thermische Hüllfläche [m²]	503,9	503,9	503,9	503,9	503,9
A/V-Verhältnis [1/m]	0,75	0,75	0,75	0,75	0,75
Maximale Heizleistung [kW]	18,3	15,7	8,5	8,5	8,5
Amortisationszeit [a]	–	13	16	–	–
Zuschüsse [€]	0	1.950	9.450	6.200	6.600
Eigenkapital [€]	0	11.050	53.550	141.800	144.400
Investitionssumme [€]	0,0	13.000	63.000	148.000	151.000
Spez. Energiekosten [€/(m²a)]	32,2	27,9	16,5	16,6	15,5
Energiekosten [€/a]	6.921,3	6.010,3	3.546,3	3.578,5	3.336,9
Spez. Transmissionswärme-verlust H'_T [W/(m²K)]	0,999	0,837	0,391	0,391	0,391
Spez. Transmissionswärme-verlust H'_T zulässig nach GEG [W/(m²K)]	0,391	0,391	0,391	0,391	0,391
Spez. Transmissionswärme-verlust H'_T bzgl. GEG-Sollwert [%]	255,5	214,1	100,0	100,0	100,0
Primärenergiebedarf zulässig [kWh/a]	10.002,8	10.002,8	10.002,8	9.981,8	9.981,8

Bezeichnung	Ausgangs-fall	Dämmung Kellerdecke, IW UG	Plus Dämmung Außen-wand	Plus WP-LW und 10 PV	Alt. plus WP-LW und 8 PV und Solar
Spez. Primärenergiebedarf zulässig [kWh/(m²a)]	46,47	46,47	46,47	46,38	46,38
Primärenergiebedarf unterschritten [%]	−484,98	−401,57	−176,14	−6,14	−11,15
Erfüllung erneuerbare Wärmeenergie [%]	0,0	0,0	0,0	194,8	240,5
Erreichte BEG-Stufe				EH 85	EH 85
CO_2-Emissionen [kg/a]	16.628,7	14.277,3	7.921,9	3.296,8	3.452,0
Spez. CO_2-Emissionen [kg/(m²a)]	77,3	66,3	36,8	15,3	16,0

5.4 Ergebnis

Die Ergebnisse aller untersuchten Maßnahmen sind in Abb. 5.20 dargestellt.

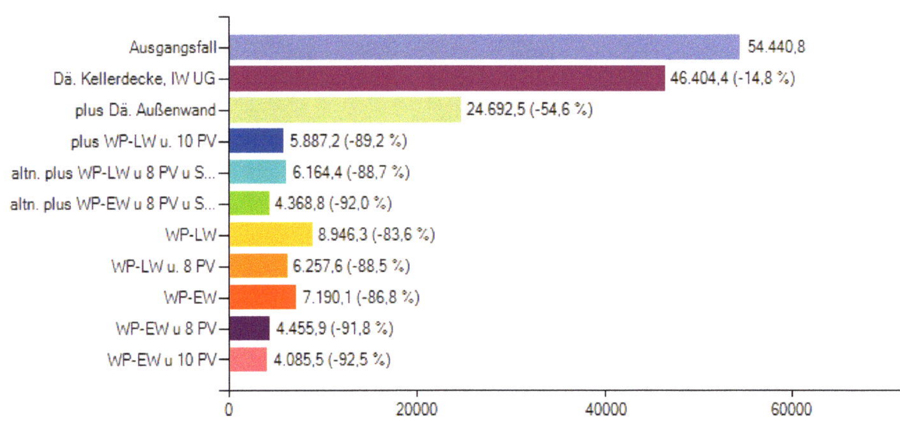

Abb. 5.20: Ergebnisse der Einsparungsmöglichkeiten auf einen Blick; Endenergiebedarf in kWh

Wie aus dem Diagramm ersichtlich, ist es vorteilhaft, Maßnahmenpakete zusammenzufassen und darzustellen. In diesem Beispiel sind das alle Dämmmaßnahmen sowie die Wärmepumpen mit Solaranlage.

5.5 Grafischer Variantenvergleich

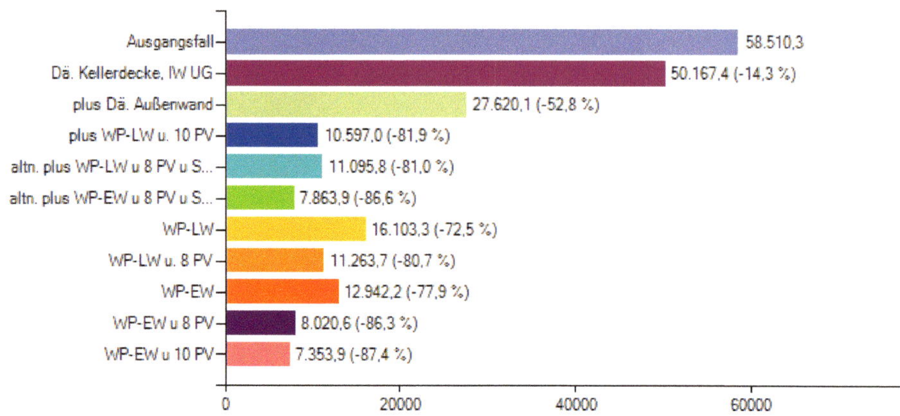

Abb. 5.21: Vergleich des Primärenergiebedarfs in kWh

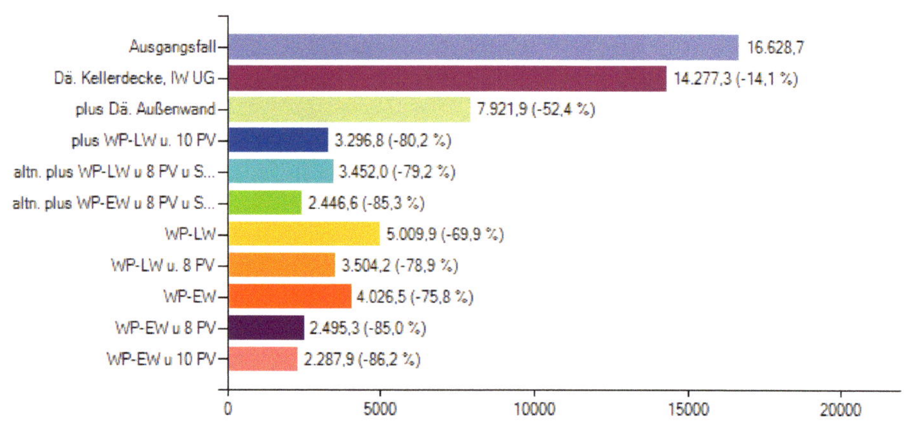

Abb. 5.22: Vergleich der spezifischen CO_2-Emissionen in kg/a

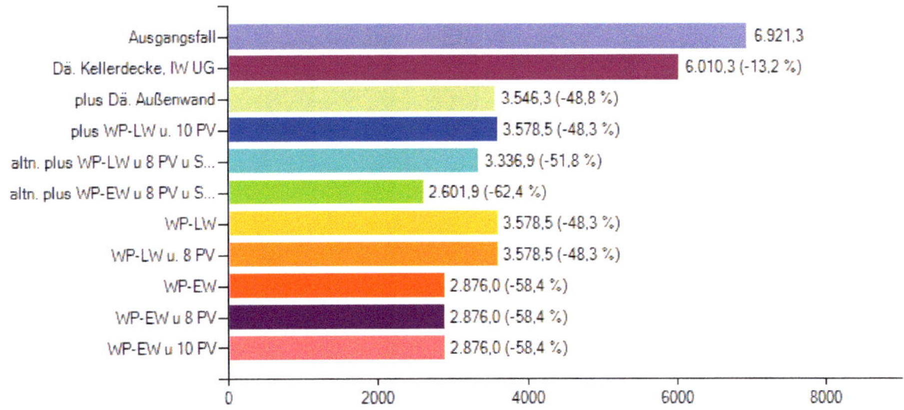

Abb. 5.23: Vergleich der Energiekosten in Euro pro Jahr

5.6 Zusammenfassung

Alle genannten Kosten (siehe Tabelle auf der folgenden Seite) sind Richtwerte und müssen durch konkrete Planungen und Angebote verifiziert werden. Die Höhe der Fördermittel leitet sich aus der jeweils bestehenden Fördersituation ab. Da es sich um genehmigungspflichtige Fördergelder handelt, stellen die genannten Beträge ebenfalls nur Richtwerte dar.

Maßnahmen	Art		Investition		Förderung			Sowieso-Kosten		
	Dicke	λR- oder U-Wert	€	Summe	%-Wert	€	Summe	€	Summe	Begründung
Dämmung Kellerdecke	120 mm Polystrol o.ä.	0,036	5.000 €	5.000 €	20%	1.000 €	1.000 €	0 €	0 €	Kosten sind rein energetisch bedingt. An der Kellerdecke hätte nichts gemacht werden müssen.
Dämmung Innenwand UG 24 cm	120 mm Polystrol o.ä.	0,036	2.000 €	7.000 €	20%	400 €	1.400 €	0 €	0 €	Kosten sind rein energetisch bedingt. An der Innenwand hätte nichts gemacht werden müssen.
Dämmung Innenwand UG 11,5 cm	140 mm Polystrol o.ä.	0,036	2.000 €	9.000 €	20%	400 €	1.800 €	0 €	0 €	Kosten sind rein energetisch bedingt. An der Innenwand hätte nichts gemacht werden müssen.
Dämmung Außenwand UG	100 mm Polyurethan o.ä.	0,023	4.000 €	13.000 €	20%	800 €	2.600 €	0 €	0 €	Kosten sind rein energetisch bedingt. An der Außenwand hätte nichts gemacht werden müssen
Dämmung Außenwand EG-DG	160 mm Polystyrol o.ä.	0,036	50.000 €	63.000 €	20%	10.000 €	12.600 €	20.000 €	20.000 €	Außenwand hätte in einigen Jahren ohnehin neu gestrichen bzw. saniert werden müssen
Wärmepumpe Luft-Wasser	Wärmepumpe Luft-Wasser; Pufferspeicher; Frischwasserstation		45.000 €	108.000 €	35%	15.750 €	28.350 €	30.000 €	50.000 €	Kessel hätte ohnehin in naher Zukunft gewechselt werden müssen.
Photovoltaik 10 kWp	Photovoltaik 10 kWp 10 kWh Stromspeicher		24.000 €	132.000 €	0%	0 €	28.350 €	0 €	50.000 €	Kosten sind rein energetisch bedingt
Wärmepumpe Luft-Wasser	Wärmepumpe Luft-Wasser; Pufferspeicher; Frischwasserstation		45.000 €	108.000 €	35%	15.750 €	28.350 €	30.000 €	50.000 €	Kessel hätte ohnehin in naher Zukunft gewechselt werden müssen.
Photovoltaik 8 kWp	Photovoltaik 8 kWp 8 kWh Stromspeicher		19.000 €	127.000 €	0%	0 €	28.350 €	0 €	50.000 €	Kosten sind rein energetisch bedingt
Solarthermie 6 qm	Solarthermie 6 qm		8.000 €	135.000 €	35%	2.800 €	31.150 €	0 €	50.000 €	Warmwasser könnte auch über WP gemacht werden
Wärmepumpe Erdreich-Wasser	Wärmepumpe Erdreich-Wasser; Pufferspeicher; Frischwasserstation		65.000 €	128.000 €	40%	26.000 €	38.600 €	30.000 €	50.000 €	Kessel hätte ohnehin in naher Zukunft gewechselt werden müssen.
Photovoltaik 8 kWp	Photovoltaik 8 kWp 8 kWh Stromspeicher		19.000 €	147.000 €	0%	0 €	38.600 €	0 €	50.000 €	Kosten sind rein energetisch bedingt
Solarthermie 6 qm	Solarthermie 6 qm		8.000 €	155.000 €	35%	2.800 €	41.400 €	0 €	50.000 €	Warmwasser könnte auch über WP gemacht werden
	Tatsächliche Investition =	**63.600 €**		**155.000 €**		**abzgl.**	**41.400 €**	**abzgl.**	**50.000 €**	
Pellet-Kessel	Pellet-Kessel; Pufferspeicher; Frischwasserstation		45.000 €	108.000 €	20%	9.000 €	21.600 €	30.000 €	50.000 €	Kessel hätte ohnehin in naher Zukunft gewechselt werden müssen.
Photovoltaik 8 kWp	Photovoltaik 8 kWp 8 kWh Stromspeicher		19.000 €	127.000 €	0%	0 €	21.600 €	0 €	50.000 €	Kosten sind rein energetisch bedingt
Solarthermie 6 qm	Solarthermie 6 qm		8.000 €	135.000 €	35%	2.800 €	24.400 €	0 €	50.000 €	Warmwasser könnte auch über WP gemacht werden

6 Wirtschaftlichkeitsberechnung

6.1 Allgemeines

Nachfolgend werden Erläuterungen zur Wirtschaftlichkeitsbewertung, zur Ermittlung der Kostendaten und zur Festlegung der weiteren Randdaten gegeben.

Zunächst sollte die Kapitalrückflussdauer berechnet werden. Hierunter versteht man den Zeitraum, in dem das eingesetzte Kapital durch die Verbrauchskosteneinsparung zurückgeflossen ist. Es werden also kein Kapitalzins und keine Energiepreissteigerung berücksichtigt. Die Kapitalrückflussdauer ist auch dann gleich, wenn Kapitalzins und Energiepreissteigerung gleich sind. Dies war in der Vergangenheit in etwa der Fall. Die Energiepreissteigerung der letzten 20 Jahre lag bei durchschnittlich 4 %, wenn auch mit großen Ausschlägen nach oben und unten. In dieser Größenordnung lag auch der durchschnittliche Kreditzins. Er sank von ca. 5 % auf 2 %, um nun bei ca. 4 % zu liegen.

6.2 Detaillierte Wirtschaftlichkeitsberechnung

In der VDI-Richtlinie 2067 ist die Wirtschaftlichkeitsberechnung detailliert beschrieben.

Die Rechenergebnisse stehen und fallen mit den Eingaben zu den Kosten und den weiteren Randdaten der Berechnung.

Die energiebedingten Mehrkosten sind dabei herauszustellen und der Unterschied zu den Vollkosten ist zu erklären.

6.2.1 Zins

Der Kalkulationszins ist wahlweise der entgangene Sparzins oder der Kreditzins, der für einen aufgenommenen Kredit zu zahlen ist. Beim Kreditzins ist der Zinssatz für eine Kreditlaufzeit in der Größe der Kapitalrückflussdauer anzusetzen.

6.2.2 Preissteigerung

Die Preissteigerungen für Energie sind der streitbarste Posten der Berechnung. Abweichend vom langjährigen Trend, nämlich kontinuierlich steigend, sind die Energiekosten momentan sehr volatil. Die aktuellen Preise dürften aber nicht von langer Dauer sein, da der Energiebedarf weltweit weiter steigt.

6.2.3 Wartung und Instandsetzung

Hierfür sind für die meisten Investitionsgüter der technischen Gebäudeausrüstung in der VDI 2067 Angaben enthalten. Diese jährlichen Kosten liegen meist bei 1 bis 3 % des Investitionsaufwands. Da aber auch ein alter Kessel gewartet werden muss, können diese Kosten in der Kalkulation vernachlässigt werden.

6.2.4 Bewertung der Altanlage

Auch dafür wird im VDI 2067 ein Rechenverfahren vorgestellt. Hierbei wird der Restwert der Altanlage berechnet und bei der Wirtschaftlichkeit der Neuanlage berücksichtigt. Da im Wohnungsbau davon auszugehen ist, dass Anlagenerneuerungen meist nur dann erfolgen, wenn die Lebensdauer sowieso annähernd erreicht ist, kann auf die Restwertberechnung verzichtet werden. Diese würde auch den Rahmen des Energieberichts sprengen.

6.3 Diagramm zur Wirtschaftlichkeitsberechnung

Für jede Maßnahme und jedes Paket sollen Investitionskosten und Amortisation dargestellt werden. Dies lässt sich am besten in einer Tabelle gegenüberstellen (Abb. 6.1).

Maßnahmen	Investition	Förderung		Kosten	Summe	Energieeinsparung	Amortisation
	€	%-Wert	€	€		€	a
Dämmung Kellerdecke	5.000 €	20%	1.000 €	4.000 €			
Dämmung Innenwand UG 24 cm	2.000 €	20%	400 €	1.600 €			
Dämmung Innenwand UG 11,5 cm	2.000 €	20%	400 €	1.600 €			
Dämmung Außenwand UG	4.000 €	20%	800 €	3.200 €	10.400 €	911 €	11,4
Dämmung Außenwand EG-DG	50.000 €	20%	10.000 €	40.000 €		2.464 €	16,2
Wärmepumpe Luft-Wasser	45.000 €	35%	15.750 €	29.250 €		-32 €	
Photovoltaik 10 kWp	24.000 €	0%	0 €	24.000 €		1.600 €	15,0
Photovoltaik 8 kWp	19.000 €	0%	0 €	19.000 €		1.280 €	14,8
Solarthermie 6 qm	8.000 €	35%	2.800 €	5.200 €		209 €	24,9
Wärmepumpe Sole-Wasser	65.000 €	40%	26.000 €	39.000 €		670 €	58,2
Photovoltaik 8 kWp	19.000 €	0%	0 €	19.000 €		1.280 €	14,8

Abb. 6.1: Wirtschaftlichkeitsberechnung

7 Umweltbilanzierung

7.1 Allgemeine Umweltbilanzierung

Am 12.12.2015 wurde auf der Klimakonferenz der Vereinten Nationen in Paris eine Vereinbarung verabschiedet, die das Ziel des Klimaschutzes in Nachfolge des Kyoto-Protokolls festschreibt. Diese sieht die Begrenzung der menschengemachten globalen Erwärmung auf deutlich unter 2 °C gegenüber vorindustriellen Werten vor.

Der Klimaschutzplan 2050 der deutschen Bundesregierung enthält die geplanten nationalen Klimaschutzmaßnahmen zur Umsetzung des Übereinkommens von Paris. Er wurde am 14.11.2016 vom Bundeskabinett beschlossen und im Oktober 2019 um das Klimaschutzprogramm für 2030 ergänzt..

Die Ziele des Klimaschutzplans 2050 für das Jahr 2030 zeigt die Tabelle 7.1. Die wichtigsten Treibhausgase sind in Tabelle 7.2 aufgelistet.

Tabelle 7.1: Abbildung der Klimaschutzziele für das Jahr 2030

Handlungsfeld	Emissionsziel 2030 in Mio. t CO_2-Äquivalent	Minderung gegenüber 1990 in %
Energiewirtschaft	175 bis 183	62 bis 61
Gebäude	070 bis 072	67 bis 66
Verkehr	095 bis 098	42 bis 40
Industrie	140 bis 143	51 bis 49
Landwirtschaft	058 bis 061	34 bis 31
Teilsumme	538 bis 557	56 bis 54
Sonstige	5	87
Gesamtsumme	543 bis 562	56 bis 55

Tabelle 7.2: Abbildung der sechs wichtigsten Kyoto-Treibhausgase

Klimarelevante Gase	Summenformel	Treibhauspotential (GWP Global Warming Potential)	Anteil an den vom Menschen verursachten Treibhausgasemissionen
Kohlenstoffdioxid	CO_2	1	76,7 %
Methan	CH_4	25	14,3 %
Distickstoffoxid	N_2O	298	7,9 %
Schwefelhexafluorid, Fluorchlorkohlenwasserstoffe, Perfluorierte Kohlenwasserstoffe u. a.	SF_6 diverse, CHF_XCl_Y	100 bis 22.800	1,1 %

Kohlendioxid ist kein Luftschadstoff, sondern ein natürlich vorkommendes Gas. Es ist ungiftig, farb- und geruchslos und ein Bestandteil der Luft, der für das Leben auf der Erde notwendig ist. Sein Anteil in der Luft beträgt ca. 0,03 %.

Die Zunahme des Kohlendioxids in der Atmosphäre um ein Drittel führt jedoch zum Treibhauseffekt, also zur zusätzlichen Erwärmung der Erdatmosphäre. Das Kohlendioxid gilt in der Klimaforschung als der Hauptverursacher der Klimaerwärmung.

Bei einer vollständigen Verbrennung eines Brennstoffs werden seine Kohlenwasserstoffe in Wasser und Kohlendioxid umgewandelt. Die dabei entstehende Menge an Kohlendioxid hängt jeweils von der chemischen Zusammensetzung des eingesetzten Brennstoffs ab.

Neben dem Kohlendioxid gibt es weitere Treibhausgase wie Methan, Lachgas und halogenisierte Kohlenwasserstoffe sowie Schwefelhexafluorid. Auch diese Gase tragen zur Erwärmung der Erdatmosphäre bei.

Um diese Gase in ihrem Einfluss auf das Klima vergleichen zu können, wird ihr Beitrag zum Treibhauseffekt relativ zum Haupttreibhausgas „Kohlendioxid" in Form des GWP (Global Warming Potential) erfasst, da die verschiedenen Gase sich unterschiedlich lange in der Atmosphäre aufhalten und wirksam sind. Das bedeutet, dass z. B. 1 kg CH_4 (Methan) mit einem GWP von 23 in einem Betrachtungszeitraum von 100 Jahren die gleiche Wirkung wie 23 kg CO_2 hat. Man spricht daher auch von CO_2-Äquivalenten.

7.2 Bisherige Ziele zur Minderung der CO_2-Emissionen

Die Europäische Union hat folgende Klimaschutzziele beschlossen.

- Die EU-internen Treibhausgas-Emissionen werden bis 2030 um mindestens 40 % im Vergleich zu 1990 gemindert.
- Die Nutzung erneuerbarer Energien wird auf 30 % des gesamten Endenergieverbrauches gesteigert.
- Die Energieeffizienz wird um 42,5 % gesteigert im Vergleich zu einer Entwicklung ohne weitere Effizienzanstrengungen.

Innerhalb der Europäischen Union hat sich Deutschland zum Ziel gesetzt, bereits bis 2030 65 % CO_2 und bis 2050 80 % einzusparen.

Die Verpflichtung zur Minimierung bedeutet umgekehrt aber auch ein Recht zur Emission der nach Erfüllung der Verpflichtung verbleibenden Menge an Treibhausgasen. Es kann mit den über das EU-Ziel hinausgehenden eingesparten CO_2-Äquivalenten ein sogenannter Emissionshandel betrieben werden. Das bedeutet, dass mit eigenen Emissionsrechten gehandelt wird und diese beispielsweise an Dritte weiterverkauft werden. Dieser Handel ist aber auf die Industrie beschränkt.

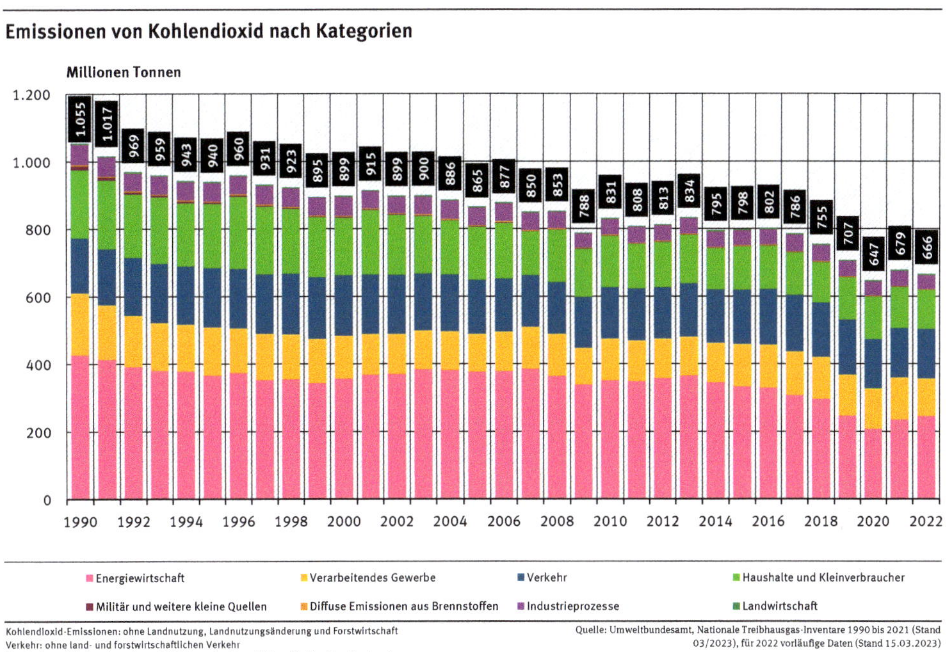

Abb. 7.1: Kohlendioxidemissionen in Deutschland zwischen 1990 und 2022 (Quelle: Umweltbundesamt 3/2023)

7.3 Gebäudeemission

Nach heutigen Erkenntnissen trägt das Kohlendioxid (CO_2) deutlich zur Verstärkung des Treibhauseffekts und damit zu einer durchschnittlichen Temperaturerhöhung auf der Erde bei. Eine Reduzierung der CO_2-Emissionen gehört zu den wichtigsten Zielen einer nachhaltigen Klimapolitik. Das Gewerbe, der Verkehr und die privaten Haushalte in Deutschland verursachen zusammen fast die Hälfte der gesamten CO_2-Emissionen in Deutschland. Der Wohnungsbau kann folglich einen großen Beitrag zur Verringerung der CO_2-Emissionen in Deutschland leisten. Die spezifische Menge CO_2, die entsteht, um 1,0 kWh Endenergie im Haushalt bereitzustellen, hängt sehr von den Primärenergieträgern und von der Effizienz einer Energieerzeugung ab. Der fossile Brennstoff Erdgas hat aufgrund seiner chemischen Zusammensetzung einen erheblichen Vorteil. Erdgas enthält spezifisch weniger Kohlenstoff, sodass bei einer vollständigen Verbrennung 30 bis 80 % weniger Kohlendioxid entsteht als bei anderen fossilen Brennstoffen, wie Erdöl, Stein- oder Braunkohle. 1 kWh Endenergie über den Brennstoff Erdgas bereitgestellt verursacht eine CO_2-Emission von ca. 247 g/kWh.

Tabelle 7.3: Emissionsfaktor bei der CO_2-Bildung verschiedener Energieträger

Brennstoffeinsatz	Emissionsfaktor in kg CO_2/kWh Brennstoffeinsatz
Erdgas (als fossiler Brennstoff)	0,247
Heizöl	0,319
Flüssiggas	0,267
Holzpellets	0,027
Holz-Hackschnitzel	0,023
Stückholz	0,017

Tabelle 7.3 zeigt die spezifische Menge an CO_2, die bei der Bereitstellung von 1 kWh aus verschiedenen Energiequellen entsteht.

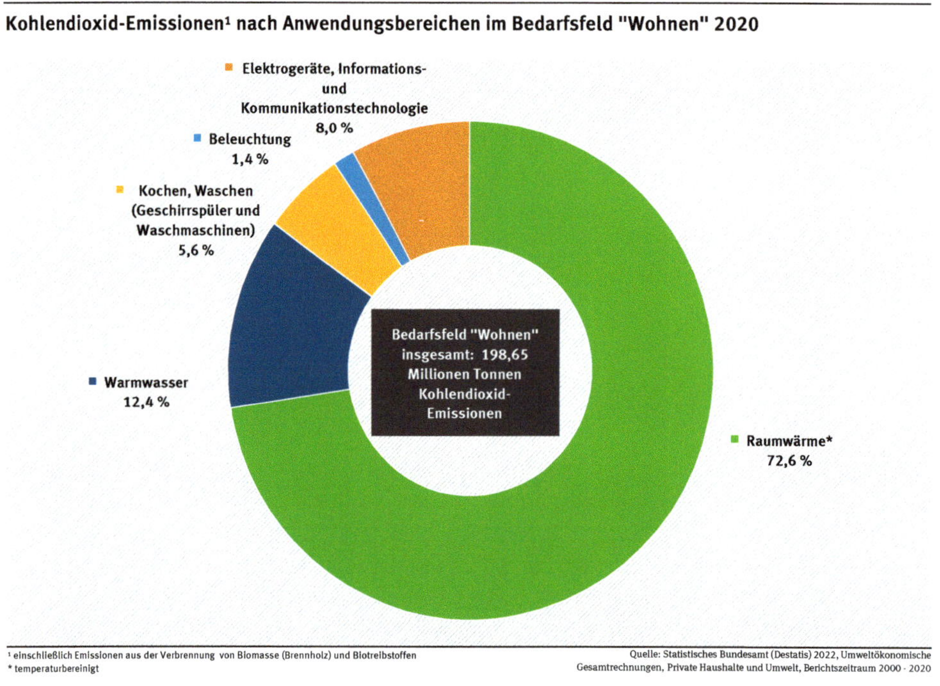

Abb. 7.2: CO_2-Emissionen in Wohngebäuden (Quelle: Umweltbundesamt)

7.3.1 CO_2-Emissionen

Zu den CO_2-Emissionen eines Gebäudes gehören alle Emissionen, die innerhalb des Gebäudes bis zur Grundstücksgrenze entstehen und direkt der Energieversorgung im Gebäude zugeordnet werden können, sowie die Emissionen, die für die Förderung, Erzeugung und den Transport der Energie bis ins Gebäude entstehen. Ein deutscher Privathaushalt verbraucht im Durchschnitt 87,0 % seines Energieaufkommens für Heizung und Warmwasserbereitung. Beides sind vitale Notwendigkeiten, die für Gesundheit und Wohlsein stehen.

Auf der Gebäudeebene sind es ordnungspolitische Maßnahmen und Förderhilfen, die zu der insgesamt rückläufigen Entwicklung der CO_2-Emissionen beitragen:

- das Gebäudeenergiegesetz (GEG) mit der Verschärfung von Anforderungen,
- das Bundesförderprogramm für effiziente Gebäude mit Anreizen zur CO_2-Minderung im Wohnungsbau,
- das Erneuerbare-Energien-Gesetz (EEG), das die Vergütung von Energie regelt,
- das Erneuerbare-Wärme-Gesetz (EWärmeG), das den Anteil an erneuerbarer Energie regelt,
- die Beratung zur sparsamen und rationellen Energieverwendung im Gebäude.

Allgemein gilt, dass eine Energienutzung dann nachhaltig ist, wenn sie die dauerhafte Verfügbarkeit von geeigneten Energieressourcen sicherstellt und zugleich die negativen Auswirkungen von Energiebereitstellung, -transport und -nutzung begrenzt. Darüber hinaus wurden im deutschen Klimaschutzprogramm auch technologie- und energieträgerbezogene Ziele gesetzt:

- Der Anteil der erneuerbaren Energien soll bis zum Jahr 2030 mindestens 30 % betragen.
- Die Anzahl von Anlagen zur Kraft-Wärme-Kopplung soll erheblich verstärkt werden.

Als nächstes wichtiges Etappenziel in Richtung der nachhaltigen Energienutzung ist die Minderung der CO_2-Emissionen um 40 % bis 2030 gegenüber dem Jahr 1990 zu betrachten.

Die CO_2-Steuer, auch Kohlenstoffsteuer bzw. „CO2-Abgabe", ist eine Umweltsteuer auf Kohlendioxid und andere Treibhausgase. Ziel ist es, die durch die Emission dieser Treibhausgase entstehende globale Erwärmung und Versauerung der Meere zu verringern mit Hilfe eines höheren Preises für fossile Energieträger. Unternehmen und Verbrauchern, die CO_2-Emissionen verursachen, erhalten auf diese Weise ein deutliches Preissignal. Damit soll ein wesentlicher Beitrag zu einer Senkung des Kohlenstoffdioxidgehalts in der Erdatmosphäre geleistet werden.

Der CO_2-Preis wird jährlich angehoben und soll voraussichtlich 2026 bei 55 Euro liegen.

7.4 Diagramm zur Umweltbilanzierung des Beispielgebäudes

Das Diagramm in Abb. 7.3 verdeutlicht die Einsparungen an CO_2, die durch die einzelnen Sanierungsmaßnahmen zu erwarten sind. Die Rechnung hierbei lautet:

Energieverbrauch in kWh/(m²/a) · Emissionsfaktor in kg CO_2/kWh Endenergie = CO_2-Emissionen in kg CO_2/(m² a)

Beispiel: Der Energieverbrauch beträgt 313 kWh/(m²a). Multipliziert mit 0,247 kg CO_2/kWh Erdgas ergibt eine CO_2-Emission von 77,3 kg/(m²a).

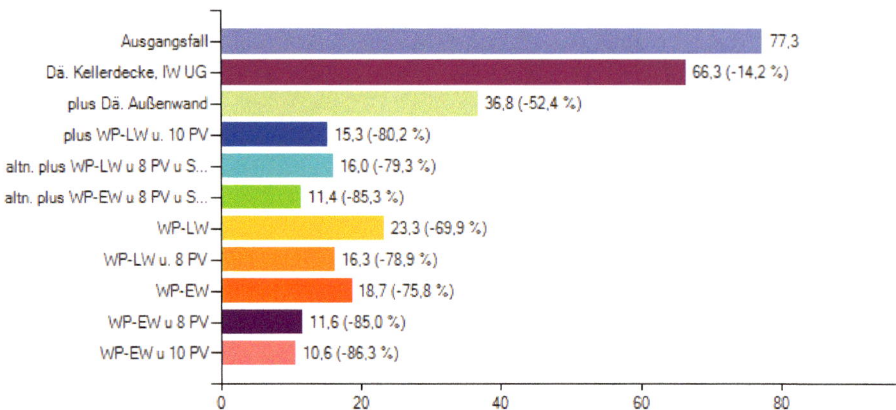

Abb. 7.3: Diagramm zur Umweltbilanzierung: spezifische CO_2-Emissionen in kg/(m²a) des Beispielgebäudes nach einzelnen Sanierungsmaßnahmen

8 Berichterstellung

8.1 Mindestanforderungen an eine Vor-Ort-Beratung

Das BAFA stellt bestimmte Anforderungen an den Beratungsbericht eines individuellen Sanierungsfahrplans (iSFP). Nur wenn diese eingehalten werden, ist die Energieberatung zuschussfähig.

Die Energieberatung muss mindesten eine der nachfolgenden Beratungsoptionen enthalten:

1. Schritt-für-Schritt-Sanierung: Diese zeigt auf, wie das Gebäude Schritt für Schritt über einen längeren Zeitraum energetisch umfassend nach dem Bestmöglich-Prinzip saniert werden kann. Das Ziel ist eine möglichst weitgehende Senkung des Primärenergiebedarfs und eine CO_2-Einsparung.
2. Gesamtsanierung in einem Zug zu einem Effizienzhaus nach der BEG: Diese zeigt auf, wie das Gebäude in einem Zug energetisch zu einem Effizienzhaus entsprechend der Bundesförderung für effiziente Gebäude (BEG) saniert werden kann.

Auf der Grundlage der im Folgenden aufgeführten Anforderungen prüft das BAFA stichprobenartig die Förderfähigkeit der als Verwendungsnachweis eingereichten iSFP.Der Beratungsbericht sollte so abgefasst werden, dass der Beratungsempfänger, der in der Regel ein Laie ist, die Feststellungen und Empfehlungen ohne Weiteres verstehen kann. Der Aufbau des Beratungsberichts muss daher übersichtlich und logisch strukturiert, die Darstellung der einzelnen Punkte und die Maßnahmenvorschläge müssen für den Beratungsempfänger verständlich und nachvollziehbar sein.

Beginnen sollte der Beratungsbericht mit einer fotografischen Darstellung aller Gebäudeaußenflächen sowie einer textlichen Beschreibung des Gebäudes und seiner baulichen und anlagentechnischen Besonderheiten.

Öffentliche Fördermöglichkeiten sind bei der Berechnung der Wirtschaftlichkeit zu berücksichtigen. Als Mindestniveau ist hierfür ein förderfähiges KfW-Effizienzhaus anzusehen. Zusätzlich sind Möglichkeiten zum Einsatz erneuerbarer Energien bei der Energieversorgung des Gebäudes heranzuziehen.

Das entsprechende Sanierungskonzept ist ungeachtet der Tatsache zu erstellen, ob der Beratungsempfänger aktuell an einer entsprechenden Umsetzung Interesse zeigt.

8.1.1 Daten zum Ist-Zustand von Gebäude und Heizung

Bei der Darstellung und Auswertung des energietechnischen Ist-Zustands mit Auflistung der wesentlichen Schwachstellen sind mindestens die folgenden heiztechnischen und Gebäudedaten zu berücksichtigen und in den Bericht aufzunehmen.

Grunddaten

- Fotografien aller Gebäudeansichten,
- Lage, Bauweise, Baujahr, Nutzung,

- Zahl der Wohneinheiten und Bewohner,
- beheizbare Gebäudenutzfläche, -volumen und wärmeübertragende Umfassungsfläche,
- Zustand und Aufbau der thermischen Hülle,
- bauliche Besonderheiten,
- wesentliche wärmetechnische Investitionen, die bisher getätigt wurden,
- Wärmebrücken, objektbezogen,
- Lüftungswärmeverluste, objektbezogen,
- ggf. Planungs- und Ausführungsmängel, objektbezogen.

Wärmeschutztechnische Einstufung der thermischen Gebäudehülle anhand der U-Werte der Bauteile mit Angabe der Bauteilflächen

Hierfür sind nach anerkannten Regeln der Technik oder in Anlehnung an die Berechnungsverfahren der jeweils geltenden energiesparrechtlichen Bestimmungen alle für mögliche wärmeschutztechnische Verbesserungsmaßnahmen wesentlichen Daten zu berücksichtigen. Mindestens aber die U-Werte für folgende wärmeübertragende Bauteile:

- Außenwandflächen,
- Dachflächen,
- Decke unter nicht ausgebautem Dachgeschoss,
- Kellerdecke,
- Fensterflächen und Türen,
- Außenflächen beheizter Dach- und Kellerräume,
- Innenwände zu nicht beheizten Gebäudebereichen,
- offensichtliche Wärmebrücken (z. B. Balkonplatte, Rollladenkästen, Heizkörpernischen, Gebäudeecken),
- offensichtliche Lüftungswärmeverluste (z. B. bei Fenstern, Türen, Rollladenkästen, Heizkörpernischen, ausgebauten Dächern).

Diese Daten müssen bei der Ermittlung des Heizwärmebedarfs (wobei auch solare Energiegewinne berücksichtigt werden sollten) und einer differenzierten, auch auf Teilflächen der Gebäudehülle bezogenen Maßnahmenauswahl zugrunde gelegt werden.

Gebäudevolumen

Bei der Ermittlung des Lüftungswärmebedarfs ist das von den genannten Umfassungsflächen umschlossene Gebäudevolumen zu berücksichtigen.

Heizungsanlage

Grunddaten

- Typ, Baujahr,
- Nennleistung,
- Nutzungsgrad,
- Brennstoffart,
- Beschreibung der Heizungsanlage (Wärmeerzeuger, Abgasanlage, Verteilnetz, Wärmeabgabe-Einrichtungen, Steuerung und Regelung, offensichtliche Schwachstellen),
- bisherige, neue anlagentechnische Investitionen,
- ggf. Planungs-, Ausführungs- und Einstellungsmängel, objektbezogen.

Heizkessel

Es sind alle für mögliche energietechnische Verbesserungsmaßnahmen wesentlichen Daten, mindestens aber die Daten zu berücksichtigen, die im Schornsteinfegerprotokoll (1. BlmSchV) enthalten sind.

Energieverbräuche

Über mehrere Heizperioden (zur Mittelwertbildung bzw. zur Witterungsbereinigung).

Warmwasserversorgung

- Art und Zustand der Warmwasserbereitung und des Systems,
- Größe des WW-Speichers,
- offensichtliche Schwachstellen.

Die Daten sind – soweit entsprechende Regelungen vorhanden – nach anerkannten Regeln der Technik oder in Anlehnung an die Berechnungsverfahren der jeweils geltenden energiesparrechtlichen Bestimmungen zu ermitteln.

Auf Grundlage dieser Daten ist die Energiebilanz des Ist-Zustandes tabellarisch darzustellen.

8.1.2 Vorschläge für Energiesparmaßnahmen

Auf der Grundlage der bereits beschriebenen, ermittelten und ausgewerteten Daten muss der Beratungsbericht mindestens folgende Angaben enthalten:

- Vorschläge zur energetischen Verbesserung der Gebäudehülle, zur Minderung der Lüftungswärmeverluste, zu Verbesserungen am Heizungssystem und der Warmwasserbereitung. Die Vorschläge sind als Einzelmaßnahmen sowie als sinnvolle Maßnahmenpakete darzustellen und zu bewerten. In begründeten Fällen sind Alternativen aufzuzeigen. In jedem Fall ist mindestens der Stand der Technik zu berücksichtigen.

- Die Nutzung erneuerbarer Energien muss Bestandteil des energetischen Sanierungskonzeptes sein.
- **Auf ggf. bestehende Nachrüstpflichten sowie weitere Anforderungen des GEG ist im Bericht hinzuweisen.**
- Kosten für die vorgeschlagenen Maßnahmen nach – zum Zeitpunkt der Beratung – marktüblichen Preisen und ggf. unter Berücksichtigung von Eigenleistungen.
- Der Einsatz erneuerbarer Energien ist objektbezogen zu bewerten.
- Es sind Wirtschaftlichkeitsberechnungsverfahren zu wählen, die dem Beratungsempfänger anschaulich die Wirtschaftlichkeit der Einzelmaßnahmen und der Maßnahmenpakete darlegen. Die Darstellung muss es dem Beratungsempfänger erlauben, zu einem späteren Zeitpunkt (z. B. bei veränderten Energiepreisen) die Wirtschaftlichkeit selbstständig neu zu beurteilen.
- Bei der Betrachtung der Wirtschaftlichkeit der Maßnahmen sind zumindest die üblichen Bundesförderprogramme zu berücksichtigen. Stehen Fördermittel des Bundes für die vorgeschlagenen Energiesparmaßnahmen zur Verfügung, ist auf sie unter Nennung des jeweiligen Förderprogramms hinzuweisen.
- Auf die Notwendigkeit eines Lüftungskonzeptes ist hinzuweisen.
- Um auch im Falle einer schrittweise erfolgenden Sanierung die bestmögliche Vorgehensweise zu gewährleisten, ist ergänzend ein dazu passender Maßnahmenfahrplan mit einem Vorschlag für die zeitliche Reihenfolge der Durchführung zu erstellen. Dabei sind Maßnahmen zugrunde zu legen, die nach der Bundesförderung effizienter Gebäude (BEG) förderfähig sind.
- Der iSFP ist frei von Hinweisen auf Anbieter oder Hersteller bestimmter Produkte zu erstellen.

8.1.3 Zusammenfassende Darstellungen

Der Beratungsbericht muss eine Gegenüberstellung des Ist-Zustands von Gebäude und Heizungsanlage mit dem Zustand enthalten, wie er sich nach Durchführung der vorgeschlagenen Energiesparmaßnahmen ergeben würde. Die Gegenüberstellung muss mindestens einschließen:

- Hinweis auf die jeweils zu erwartenden Energieeinspar-Effekte im Hinblick auf den sich verändernden Heizenergiebedarf (möglichst auch in grafischer Darstellung).
- Hinweise auf Behaglichkeits- sowie Wertsteigerungen des Gebäudes, sonstige positive Nebeneffekte bei Ausführung der vorgeschlagenen Sanierungsmaßnahmen sowie bestehende **objektbezogene** Nachrüstpflichten nach dem jeweils gültigen GEG.
- Aussagen zur jeweils zu erwartenden Verminderung der Emissionsraten (vorrangig CO_2).
- Gegenüberstellung von Ist-Zustand der thermischen Gebäudehülle und Anlagentechnik und dem Zustand nach Sanierung zum Effizienzhaus sowie nach der Durchführung von Maßnahmen bzw. Maßnahmenkombinationen. Diese Gegenüberstellung muss mindestens einschließen:
  - Aussagen zur jeweils zu erwartenden Energieeinsparung (Endenergiebedarf) auch in grafischer Darstellung,

  - Erklärung des Unterschieds zwischen Endenergiebedarf und individuellem Endenergieverbrauch vor Sanierung und Darlegung der möglichen Auswirkungen auf die tatsächliche Energieeinsparung nach Sanierung.
- Angaben zu aktuellen Fördermöglichkeiten des Bundes im Rahmen der BEG (Förderprogramm, Höhe der Förderung in Euro oder Prozent sowie Art der Förderung, ggf. § 35c EstG).

Der Beratungsbericht muss insgesamt eine schriftliche Zusammenfassung der wichtigsten Ergebnisse in allgemeinverständlicher Form enthalten, möglichst unter zusätzlicher Verwendung grafischer Darstellungen. Ein Hinweis auf die Vorteile einer Baubegleitung ist aufzunehmen.

8.1.4 Persönliches Beratungsgespräch (Abschlussgespräch)

Der Berater sollte das Ergebnis des Sanierungsfahrplans dem Auftraggeber in einem persönlichen Beratungsgespräch vortragen. Dies ist zwar nicht mehr vorgeschrieben, ist aber dringend zu empfehlen, da der Beratungssuchende in der Regel zu dem Bericht noch Fragen hat.

Beim Gespräch sind insbesondere die aufgezeigten Maßnahmenvorschläge zur Energie- und Heizkostenersparnis wichtig, einschließlich der folgenden Hinweise:

- Umsetzungsmöglichkeiten der öffentlichen Förderprogramme (ggf. Benennung von Ansprechpartnern).
- Berücksichtigung spezieller Fragen des Ratsuchenden, z. B. Erweiterung des Maßnahmenkatalogs, soweit dies im Rahmen der Beratungsabwicklung möglich ist.
- An dieser Stelle lassen sich auch Hinweise geben, wer bei der Umsetzung der Sanierung empfohlen werden kann (Architekt, Fachplaner, Heizung, Sanitär, Lüftung und Elektro, Statiker, Handwerker, Contractoren usw.).

8.2 Individueller Sanierungsfahrplan

Beim iSFP handelt es sich um eine standardisierte Darstellung einer für die energetische Bewertung von Gebäuden entwickelten Methodik, die die Inhalte von Maßnahmen einer Komplettsanierung als auch einer Schritt-für-Schritt-Sanierung von Ein- und Zweifamilienhäusern sowie Mehrfamilienhäusern leicht verständlich und anschaulich darlegt.

8.2.1 Unterstützung für Energieberater

Der iSFP strukturiert den Prozess der Energieberatung systematisch. Grundsätzlich folgt die Methodik dem klassischen Beratungsverlauf wie in den Kapiteln zuvor beschrieben. Energieberatern stehen eine Kurzanleitung, eine Checkliste sowie ein ergänzendes Handbuch zur Verfügung. Diese Materialien sind unter *www.dena-expertenservice.de* erhältlich.

Das neue Instrument nimmt dem Energieberater das aufwendige Verfassen und Gestalten individueller Ergebnisberichte ab. Stattdessen werden die im Bilanzierungsprogramm eingegebenen Daten genutzt und durch weitere Erläuterungen in der Software ergänzt. Die Software des Sanierungsfahrplans, die bereits in die Energieberatungssoftware der verschiedenen Hersteller implementiert ist, ermöglicht, eine pdf-Datei zum Ausdruck zu generieren, sodass die Dokumente bundesweit in einem einheitlichen Design erzeugt werden und so ein Qualitätsstandard für den Ergebnisbericht geschaffen wird.

Die farbliche Darstellung erleichtert dem Hauseigentümer das Verständnis für den energetischen Zustand seines Gebäudes und zeigt die individuellen Möglichkeiten für die energetische Sanierung.

8.2.2 Der iSFP in der Vor-Ort-Beratung

Das Bundesamt für Wirtschaft und Ausfuhrkontrolle (BAFA) fördert im Rahmen von Vor-Ort-Beratungen erstellte iSFP. Durch die Förderung wird der iSFP für Energieberater und Hauseigentümer noch attraktiver. Anstatt des üblichen Energieberatungsberichts kann im Rahmen des Förderprogramms auch ein iSFP eingereicht werden. Wie bisher gibt es auch hier die Möglichkeit, die iSPFs nachzubessern. Es werden bis zu 80 % der förderfähigen Beratungskosten gezahlt, höchstens 1300 Euro für ein Ein- oder Zweifamilienhaus und 1700 Euro für Wohngebäude mit drei und mehr Wohneinheiten. Für Wohnungseigentümergemeinschaften gibt es zusätzlich einen einmaligen Zuschuss von bis zu 500 Euro, wenn der Energieberatungsbericht in Wohnungseigentümergemeinschaften erläutert wird.

8.2.3 Bauherrendokumente

Die Software des Sanierungsfahrplans erzeugt immer zwei Booklets für die Hauseigentümer: „Mein Sanierungsfahrplan" und „Umsetzungshilfe für meine Maßnahmen".

Abb. 8.1: Deckblätter (Beispiel) der Booklets „Sanierungsfahrplan" und „Umsetzungshilfe"

„Mein Sanierungsfahrplan" fasst den iSFP anschaulich auf 7 Seiten zusammen. Hier wird der aktuelle Zustand des Hauses per Fotos und Text dokumentiert und dabei der energetische Zustand deutlich herausgearbeitet. Abschließend werden in diesem Booklet detailliert die nächsten Schritte für die Umsetzung dargestellt und Empfehlungen zum Nutzerverhalten ausgesprochen. Das Herzstück des Dokuments ist die Fahrplanseite: Sie beschreibt übersichtlich den gesamten iSFP samt aller angedachten Maßnahmen, die Änderungen bei den Energiekosten sowie den CO_2-Emissionen.

Die „Umsetzungshilfe für meine Maßnahmen" enthält weiterführende Erläuterungen zu den Maßnahmen(paketen) und zur Kostendarstellung. Durch eigene Texte können die Maßnahmenbeschreibungen ergänzt werden. In der Umsetzungshilfe ist außerdem eine technische Dokumentation integriert, die alle Daten enthält, die für einen BAFA-Förderantrag notwendig sind.

9 Beispiel eines Sanierungsfahrplans

9.1 Deckblatt

Bei dem nachfolgend dargestellten Beispiel handelt es sich um einen individuellen Sanierungsfahrplan (iSFP) für ein Mehrfamilienhaus.

Mein Sanierungs-fahrplan

80 MILLIONEN GEMEINSAM FÜR ENERGIEWECHSEL

Mein Sanierungsfahrplan

Energieberater
Ingenieurplanung Söllner
Bernd Söllner
Beraternummer: 200474
Vorgangsnr. (BAFA): EBW 85016122

Gebäudeadresse

Abb. 9.1: Titelseite

9.2 Einleitung

Es besteht die Möglichkeit, ein vorgegebenes Standardschreiben individuell anzupassen (Abbildung 9.2).

Hier zum Beispiel die Intention, einen Sanierungsfahrplan erstellen zu lassen, um dem Erneuerbaren Wärmegesetz in Baden-Württemberg zu genügen. Dieses schreibt bei einer Kesselerneuerung 15 % erneuerbare Energie vor. Hier war der Wärmeerzeuger bereits erneuert und eine Solaranlage sollte nachgerüstet werden. Diese wird bei der sinnvollen Größe mit 10 % angerechnet und der Sanierungsfahrplan mit 5 %. Somit sind 15 % erreicht.

IPS | SÖLLNER

Herr

Ingenieurplanung Söllner
Bernd Söllner
An den Kiesgruben 32
73240 Wendlingen
07024 / 4163190
info@ip-soellner.de

Ihr Sanierungsfahrplan

Sehr geehrte Damen und Herren,

es freut mich, dass Sie sich für eine energetische Modernisierung Ihres Gebäudes interessieren.

Die Heizungssanierung hat bei diesem Vorhaben die höchste Priorität, da der Kessel 28 Jahre alt ist und erneuert werden muss. Grundsätzlich empfehle ich zunächst den Energiebedarf zu reduzieren, bevor eine neue Anlagentechnik in Betrieb genommen wird. Würde zunächst die Heizungsanlage ausgetauscht werden, wäre diese nach der Sanierung der Kellerdecke (aufgrund des geringen Energiebedarfs) überdimensioniert sein.

In unserem Gespräch wurde der Wunsch geäußert, dass ich Sie über sinnvolle Sanierungsschritte informiere. Bei dem Sanierungskonzept sollen jedoch nicht nur die energetischen Aspekte berücksichtigt werden. Behaglichkeit und eine damit verbesserte Wohnqualität sollen ebenso berücksichtigt werden.

In dem vorliegendem Sanierungsfahrplan sind diese Wünsche und Interessen berücksichtigt worden. Mit Ihrem Entschluss zur energetischen Gebäudesanierung leisten Sie einen Beitrag zur Umsetzung der energiepolitischen Ziele der Bundesregierung.

Ich wünsche Ihnen viel Erfolg bei der Sanierung Ihres Gebäudes.

Mit freundlichen Grüßen

Bernd Söllner

Bericht erstellt am 20. September 2023

2

Abb. 9.2: Anschreiben

9.3 Bestandsaufnahme

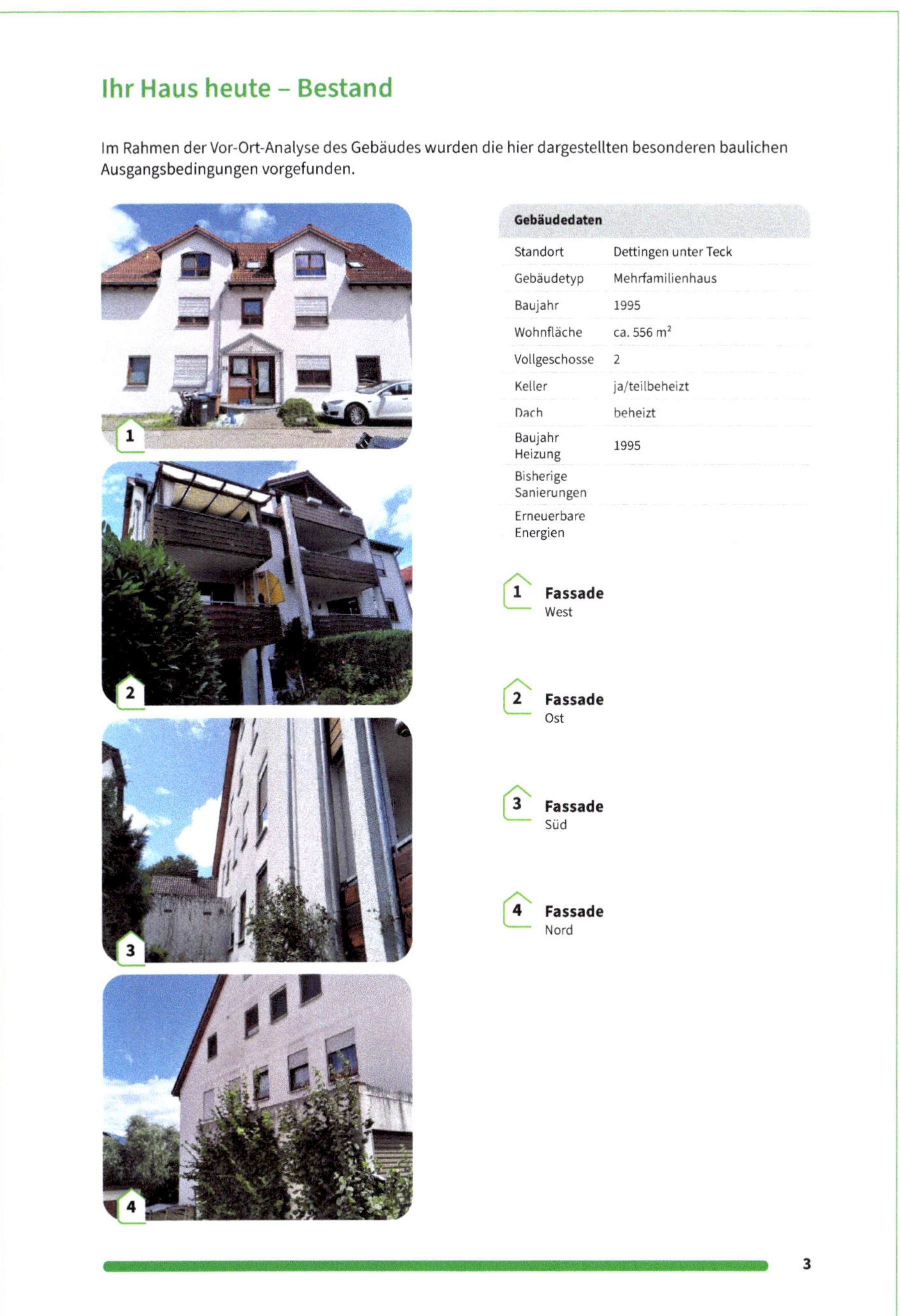

Ihr Haus heute – Bestand

Im Rahmen der Vor-Ort-Analyse des Gebäudes wurden die hier dargestellten besonderen baulichen Ausgangsbedingungen vorgefunden.

Gebäudedaten	
Standort	Dettingen unter Teck
Gebäudetyp	Mehrfamilienhaus
Baujahr	1995
Wohnfläche	ca. 556 m²
Vollgeschosse	2
Keller	ja/teilbeheizt
Dach	beheizt
Baujahr Heizung	1995
Bisherige Sanierungen	
Erneuerbare Energien	

1 **Fassade** West

2 **Fassade** Ost

3 **Fassade** Süd

4 **Fassade** Nord

3

Abb. 9.3: Dokumentation des Bestands

9.4 Beurteilung des Energiezustands

Bei der Beurteilung des gegenwärtigen Zustands wird durch die farbliche Gestaltung plakativ auf einen Blick die energetische Situation verdeutlicht. Wobei Grün einen sehr guten, Gelb einen guten und Orange einen befriedigenden Zustand darstellt. Bei Rot ist ein Sanierungsbedarf angezeigt.

Abb. 9.4a: Energiezustand

Ihr Haus heute – Beschreibung und Erläuterung

So sind die Grafiken zu verstehen

Zur Übersichtlichkeit werden im Sanierungsfahrplan einzelne Bau- und Anlagenteile unterschiedlichen Komponenten zugeordnet. Diese haben jeweils einen wesentlichen Anteil an der energetischen Gesamtqualität des Gebäudes. Jede Komponente wird durch ein charakteristisches Piktogramm dargestellt, welche sich in dem gesamten Dokument wiederfinden.

Die energetische Bewertung der einzelnen Komponenten erfolgt anhand der berechneten energetischen Kennwerte und wird farblich dargestellt.

In der Mitte finden Sie die energetische Gesamtbewertung für Ihr Haus heute. Mit den Piktogrammen werden zum einen die Gebäudehülle (Dach, Fenster, Wände, Boden) und zum anderen die Anlagentechnik (Heizung, Warmwasser, Wärmeverteilung, Lüftung) bewertet.

Im Verlauf der Sanierung zeigen die Piktogramme den voraussichtlichen energetischen Zustand nach erfolgreicher Sanierung auf.

Individuelle Ausgangssituation für Ihre Sanierung

Gegenstand dieses Beratungsberichts ist ein 1995 in Massivbauweise errichtetes Mehrfamilienhaus. Das Gebäude befindet sich innerhalb eines Siedlungsgebiets mit städtischen Charakter. Die Umgebung ist geprägt von überwiegend typischen Ein- und Zweifamilienhäusern.

Das mehrgeschossige Wohngebäude ist im Kern in einem guten baulichen Zustand. Es sind keine baulichen Mängel und Schäden (Durchfeuchtung, Risse, etc.) erkennbar. Im Erdgeschoss, Obergeschoss, Dachgeschoss und Bühne befinden sich die Wohnräume des Gebäudes. Das Gebäude ist unterkellert, das Untergeschoss ist teilweise beheizt. Erdgeschoss, Obergeschoss, Dachgeschoss und Bühne sind normal beheizt.

Die 24 cm dicken Außenwände sind beidseitig verputzt.

Die Fenster sowie die Außentüren entsprechen nicht mehr den heutigen Dämmstandards.

Der Zustand der Dachkonstruktion ist dem Baujahr entsprechend gut. Die Dachschrägen sind gedämmt.

Die Kellerdecke ist nicht gedämmt.

In dem Gebäude sind Radiatoren installiert.

Im Heizraum befindet sich ein Ölkessel (34 kW) und Warmwasserbereiter (300 l).

Eine Lüftungsanlage ist nicht vorhanden.

5

Abb. 9.4b: Beschreibung des Ist-Zustands

9.5 Erläuterungen

Die Werte der Farbgebung und die Begrifflichkeiten werden hier erläutert und die angenommenen Kosten der Energieträger dargestellt.

Ihr Sanierungsfahrplan

Auf der gegenüberliegenden Seite befindet sich das Herzstück des iSFP, die Fahrplanseite.

Hier finden Sie einen langfristigen Überblick zum energetischen Zustand Ihres Gebäudes und die umzusetzenden Sanierungsmaßnahmen. Angefangen mit dem Istzustand hin zum Zielzustand nach Umsetzung aller Maßnahmenpakete. Der energetische Zustand wird dabei jeweils anhand des Primärenergiebedarfs beurteilt und farblich dargestellt. Dunkelgrün entspricht dem höchsten Effizienzniveau, dunkelrot dem niedrigsten. Zusätzlich werden auch die Investitionskosten sowie die Förderungen für die einzelnen Maßnahmenpakete ausgegeben. Informationen zu Energiekosten, CO_2-Emissionen und erwarteten Endenergieverbrauch werden nur für den Ist- und Zielzustand dargestellt. Die Zeitleiste zeigt den individuell mit Ihnen abgestimmten Umsetzungszeitpunkt für das jeweilige Maßnahmenpaket an. Detaillierte Informationen zu den jeweiligen Einzelmaßnahmen finden Sie in der Umsetzungshilfe.

Einordnung der energetischen Gesamtbewertung des Hauses auf der Farbskala

	q_p in kWh/(m²a)	Beschreibung
	≤ 30	Fortschrittlicher Standard
	≤ 60	Gesetzliche Anforderung an Neubauten Stand 2020
	≤ 90	Gesetzliche Anforderung an Neubauten Stand 2002/2009
	≤ 130	Teilsaniertes Gebäude
	≤ 180	Teilsaniertes oder unsaniertes Gebäude
	≤ 230	Teilsaniertes oder unsaniertes Gebäude
	> 230	Teilsaniertes oder unsaniertes Gebäude

Primärenergiebedarf

Der Primärenergiebedarf berücksichtigt neben dem Endenergiebedarf des Gebäudes auch den Energieaufwand für die vorgelagerten Prozessketten außerhalb des Gebäudes. Dazu gehören die Gewinnung, Aufbereitung, Umwandlung und Verteilung der jeweils eingesetzten Brennstoffe.

(erwarteter) Endenergieverbrauch

Der erwartete Endenergieverbrauch beruht auf einem Abgleich mit dem berechneten Endenergiebedarf (Energiemenge für Heizung, Warmwasser, Lüftung), dem individuellen Nutzerverhalten und Klimafaktoren. Liegen keine Verbrauchdaten zum Abgleich vor, wird mit einem typischen Verbrauchsfaktor der erwartete Endenergieverbrauch ermittelt.

Sowieso-Kosten

Zu den Sowieso-Kosten zählen im iSFP die Kosten, die ohnehin für notwendige Instandsetzungen anfallen, sowie Kosten für sonstige Modernisierungsmaßnahmen (z.B. Komfortverbesserung).

Energieträger und Energiepreise

Je nach Anlagenkonzept können für Heizung, Warmwasser und Lüftung in Ihrem Haus unterschiedliche Energieträger eingesetzt werden. Im Folgendem sehen Sie die eingesetzten Energieträger mit Ihren aktuellen Energiepreisen bzw. derzeit übliche Energiepreise, die zur Berechnung der Energiekosten zugrunde gelegt wurde.

Energieträger	Hilfsstrom	Heizöl EL	Energieträger 2	Energieträger 3
Grundpreis heute (brutto)	0,00 €/a	0,00 €/a	-	-
Arbeitspreis heute (brutto)*	32,00 Cent/kWh	11,80 Cent/kWh	-	-

* Der Arbeitspreis bezieht sich auf den Heizwert.

6

Abb. 9.5: Energiepreise

Bei der Präsentation ist es an dieser Stelle sinnvoll, den Unterschied zwischen Endenergie und Primärenergie zu erklären.

Wichtig ist auch, mit den jeweils aktuellen Energiepreisen zu rechnen, damit die Kosteneinsparungen realistisch sind.

9.6 Maßnahmen

Farblich sehr anschaulich werden nun die einzelnen Sanierungsschritte dargestellt und mit Texten versehen, die selbst formuliert werden können. Die Farbgebung versteht sich additiv, also aufeinander aufbauend, sodass mit dem dritten Sanierungsschritt ein guter (gelber) energetischer Zustand erreicht wird. Die Werte hierfür wie auch die des Ist-Zustandes werden wiederum automatisch aus der Berechnung generiert. Der Energieberater trägt nachfolgend die Sanierungskosten und auch die Sowiesokosten ein. Letzere können auf Grund der Programmvorgabe leider nicht weggelassen werden, obwohl diese nicht immer anfallen. Anschließend werden die jetzigen Energiekosten mit denen nach der Sanierung verglichen. Eine Angabe der Energie- und Energiekosteneinsparungen einzelner Sanierungsschritte sowie eine Amortisationsberechnung sind hier nicht vorgesehen. Sie werden aber in der folgenden Umsetzungshilfe aufgeführt.

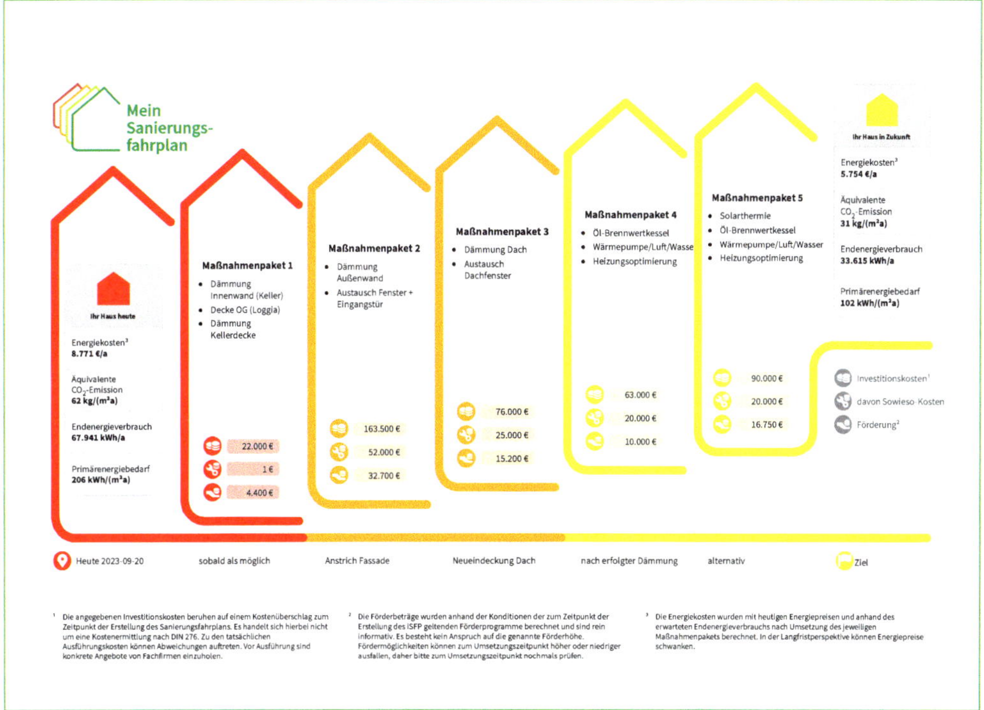

Abb. 9.6: Darstellung der Sanierungsmöglichkeiten

Alternativ zur Darstellung mit den einzelnen Kosten je Maßnahmenpaket ist es auch möglich, die Kosten additiv zu jedem Maßnahmenpaket darzustellen. Dies ist insbesondere sinnvoll, wenn eine Gesamtsanierung eventuell zu einem KfW-Standard angestrebt wird.

9.7 Allgemeines

Ihr Haus in Zukunft – das sind Ihre Vorteile

Durch die energetische Sanierung wird der Energieverbrauch Ihres Gebäudes um ca. 50 % reduziert. Die damit verbundene Heizenergiekosteneinsparung kann, gleiches Nutzerverhalten vorausgesetzt, bis zu 35 % betragen. Des Weiteren wird durch die Sanierung die Behaglichkeit und damit die Wohnqualität bzw. die Wohngesundheit verbessert. Dies ist auf höhere Oberflächentemperaturen zurückzuführen. Z.B. erhalten Sie so einen Komfortgewinn durch weniger Fußkälte im Erdgeschoss.

Die Dämmmaßnahmen führen nicht nur zu einem geringeren Energiebedarf, sondern erhöhen auch die Oberflächentemperaturen der Bauteile. Dadurch entsteht ein behaglicheres Wohngefühl.

Neben der Energieeinsparung und dem Beitrag zum Umweltschutz, steigt durch diese Sanierungsmaßnahmen auch der Wert Ihrer Immobilie.

Neben der Einsparung von Energie, Treibhausgasen und Heizkosten bringt die energetische Sanierung Ihres Hauses auch andere Vorteile mit sich. Die Verbesserungen, die der Sanierungsfahrplan für Ihr Haus vorsieht, sind hier zusammengefasst:

Thermischer Komfort: frei von unangenehmer Zugluft, Hitze- oder Kältestrahlung
Unbehagliche Zugluft wird durch dichtere Türen und Fenster verhindert. Auch die Dämmung von Wänden und Dach erhöht die Behaglichkeit beträchtlich.

Sommerlicher Hitzeschutz: Schutz vor Überhitzung im Sommer
Verschattungen für Dach- und Fassadenfenster sind der wichtigste Überhitzungsschutz. Auch die Dämmung von Dach und Fassade verbessert den Hitzeschutz.

Wohngesundheit: frei von Feuchtigkeit, Schimmel und Giften in Innenräumen
Gedämmte, warme Bauteile und eine gesicherte Lüftung sorgen für ein gesundes Raumklima ohne Schimmel Wohngifte.

Immobilienwert: Steigerung des Marktwertes des Gebäudes
Der Gebrauchswert eines sanierten Gebäudes kann ohne weiteres mit neu errichteten Gebäuden mithalten. Das steigert gleichzeitig auch den Marktwert des Gebäudes.

Architektonische Qualität: Gestaltung der äußeren Erscheinung Ihres Gebäudes
Die Sanierung gibt Ihnen die Möglichkeit, Ihr Haus nach Ihren Wünschen zu gestalten, zum Beispiel die Farben von Dach und Fassade oder das Tür- und Fensterdesign.

8

Abb. 9.7: Allgemeines

9.8 Energetischer Zielzustand

Abb. 9.8: Energetischer Zielzustand

Einen Energieeffizienzhausstandard zu erreichen, war an diesem Objekt nicht sinnvoll möglich, da auf Grund der sehr hohen Vorlauftemperaturen noch ein Öl-Spitzenlastkessel eingesetzt werden sollte.

9.9 Kostendarstellung

Im nächsten Schritt werden die Kosten dargestellt. Es reicht eine Kostenschätzung.

Kostendarstellung

Die Kosten der energetischen Sanierung sind eine zentrale Frage, um die Entscheidung für eine energetische Sanierung zu treffen. Dabei haben Energieeffizienzmaßnahmen am Gebäude den großen Vorteil, dass sie die Heizkosten regelmäßig senken. Hier werden zu jedem Maßnahmenpaket die ungefähren Kosten der Sanierung dargestellt. Neben den Investitionskosten des Maßnahmenpakets werden die anteiligen Sowieso-Kosten und eine mögliche Förderung nach aktuellem Stand betrachtet.

Darüber hinaus werden Ihnen die verbrauchsabgeglichenen Energiekosten im Istzustand und nach Umsetzung der jeweiligen Maßnahmenpakete dargelegt. Anhand der Energiekosten, die nach Durchführung der Maßnahmenpakete erwartet werden, können Sie den Effekt der energetischen Verbesserung ablesen. Diesen Einsparungen gegenüber stehen die Kosten, die mit den Sanierungsmaßnahmen verbunden sind.

Maßnahmenpakete		Investitionskosten[1] €	davon Sowieso-Kosten €	Förderung[2] €	Energie-Kosten[3] €/a
Istzustand					8.771
1	• Dämmung Innenwand (Keller) • Decke OG (Loggia) • Dämmung Kellerdecke	22.000	1	4.400	8.321
2	• Dämmung Außenwand • Austausch Fenster + Eingangstür	163.500	52.000	32.700	6.161
3	• Dämmung Dach • Austausch Dachfenster	76.000	25.000	15.200	6.074
4	• Öl-Brennwertkessel • Wärmepumpe/Luft/Wasser	63.000	20.000	10.000	7.179
5	• Solarthermie • Öl-Brennwertkessel • Wärmepumpe/Luft/Wasser	90.000	20.000	16.750	5.754

In Zukunft ist davon auszugehen, dass die Energiekosten durch Preissteigerungen der Energieträger und politische Maßnahmen weiter steigen werden. Dann sparen Sie durch die Sanierung noch höhere Energiekosten ein.

1 Die angegebenen Investitionskosten beruhen auf einem Kostenüberschlag zum Zeitpunkt der Erstellung des Sanierungsfahrplans. Es handelt sich hierbei nicht um eine Kostenermittlung nach DIN 276. Zu den tatsächlichen Ausführungskosten können Abweichungen auftreten. Vor Ausführung sind konkrete Angebote von Fachfirmen einzuholen.

2 Die Förderbeträge wurden anhand der Konditionen der zum Zeitpunkt der Erstellung des iSFP geltenden Förderprogramme berechnet und sind rein informativ. Es besteht kein Anspruch auf die genannte Förderhöhe. Fördermöglichkeiten können zum Umsetzungszeitpunkt höher oder niedriger ausfallen, daher bitte zum Umsetzungszeitpunkt nochmals prüfen.

3 Die Energiekosten wurden mit heutigen Energiepreisen und anhand des erwarteten Endenergieverbrauchs nach Umsetzung des jeweiligen Maßnahmenpakets berechnet. In der Langfristperspektive können Energiepreise schwanken.

10

Abb. 9.9: Kostenschätzung

9.10 Empfehlungen

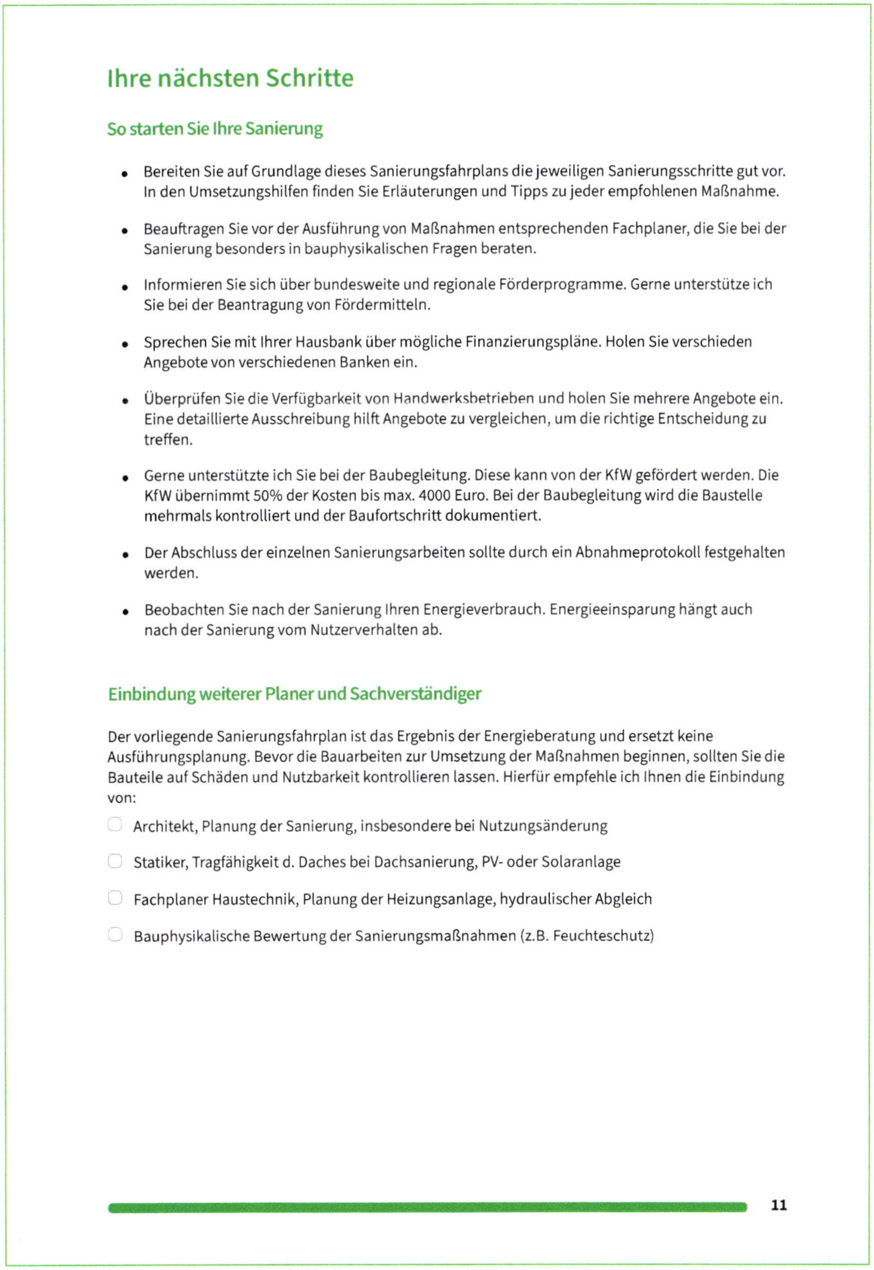

Ihre nächsten Schritte

So starten Sie Ihre Sanierung

- Bereiten Sie auf Grundlage dieses Sanierungsfahrplans die jeweiligen Sanierungsschritte gut vor. In den Umsetzungshilfen finden Sie Erläuterungen und Tipps zu jeder empfohlenen Maßnahme.
- Beauftragen Sie vor der Ausführung von Maßnahmen entsprechenden Fachplaner, die Sie bei der Sanierung besonders in bauphysikalischen Fragen beraten.
- Informieren Sie sich über bundesweite und regionale Förderprogramme. Gerne unterstütze ich Sie bei der Beantragung von Fördermitteln.
- Sprechen Sie mit Ihrer Hausbank über mögliche Finanzierungspläne. Holen Sie verschieden Angebote von verschiedenen Banken ein.
- Überprüfen Sie die Verfügbarkeit von Handwerksbetrieben und holen Sie mehrere Angebote ein. Eine detaillierte Ausschreibung hilft Angebote zu vergleichen, um die richtige Entscheidung zu treffen.
- Gerne unterstützte ich Sie bei der Baubegleitung. Diese kann von der KfW gefördert werden. Die KfW übernimmt 50% der Kosten bis max. 4000 Euro. Bei der Baubegleitung wird die Baustelle mehrmals kontrolliert und der Baufortschritt dokumentiert.
- Der Abschluss der einzelnen Sanierungsarbeiten sollte durch ein Abnahmeprotokoll festgehalten werden.
- Beobachten Sie nach der Sanierung Ihren Energieverbrauch. Energieeinsparung hängt auch nach der Sanierung vom Nutzerverhalten ab.

Einbindung weiterer Planer und Sachverständiger

Der vorliegende Sanierungsfahrplan ist das Ergebnis der Energieberatung und ersetzt keine Ausführungsplanung. Bevor die Bauarbeiten zur Umsetzung der Maßnahmen beginnen, sollten Sie die Bauteile auf Schäden und Nutzbarkeit kontrollieren lassen. Hierfür empfehle ich Ihnen die Einbindung von:

- [ ] Architekt, Planung der Sanierung, insbesondere bei Nutzungsänderung
- [ ] Statiker, Tragfähigkeit d. Daches bei Dachsanierung, PV- oder Solaranlage
- [ ] Fachplaner Haustechnik, Planung der Heizungsanlage, hydraulischer Abgleich
- [ ] Bauphysikalische Bewertung der Sanierungsmaßnahmen (z.B. Feuchteschutz)

11

Abb. 9.10: Empfehlungen

9.11 Umsetzungshilfe

Die „Umsetzungshilfe für meine Maßnahmen" enthält weiterführende Erläuterungen zu den Maßnahmen(paketen) und zur Kostendarstellung. Durch eigene Skizzen oder Prinzipskizzen aus der Software können z. B. Besonderheiten an Schnittstellen von Bauteilen illustriert und der Text ergänzt werden. In der Umsetzungshilfe ist außerdem eine technische Dokumentation integriert, die alle Daten enthält, die für einen BAFA-Förderantrag notwendig sind.

Abb. 9.11: Deckblatt der Umsetzungshilfe

9.12 Maßnahmenpakete

Die Empfehlungen sollten möglichst zu einer energetischen Bewertung der Komponente führen, die der besten, also dunkelgrünen Farbklasse entspricht. Bezogen auf die Heizungstechnik bedeutet das Bestmöglich-Prinzip, dass der Anteil klimaschonender Wärmesysteme, insbesondere der erneuerbaren Energieträger, deutlich zu steigern ist.

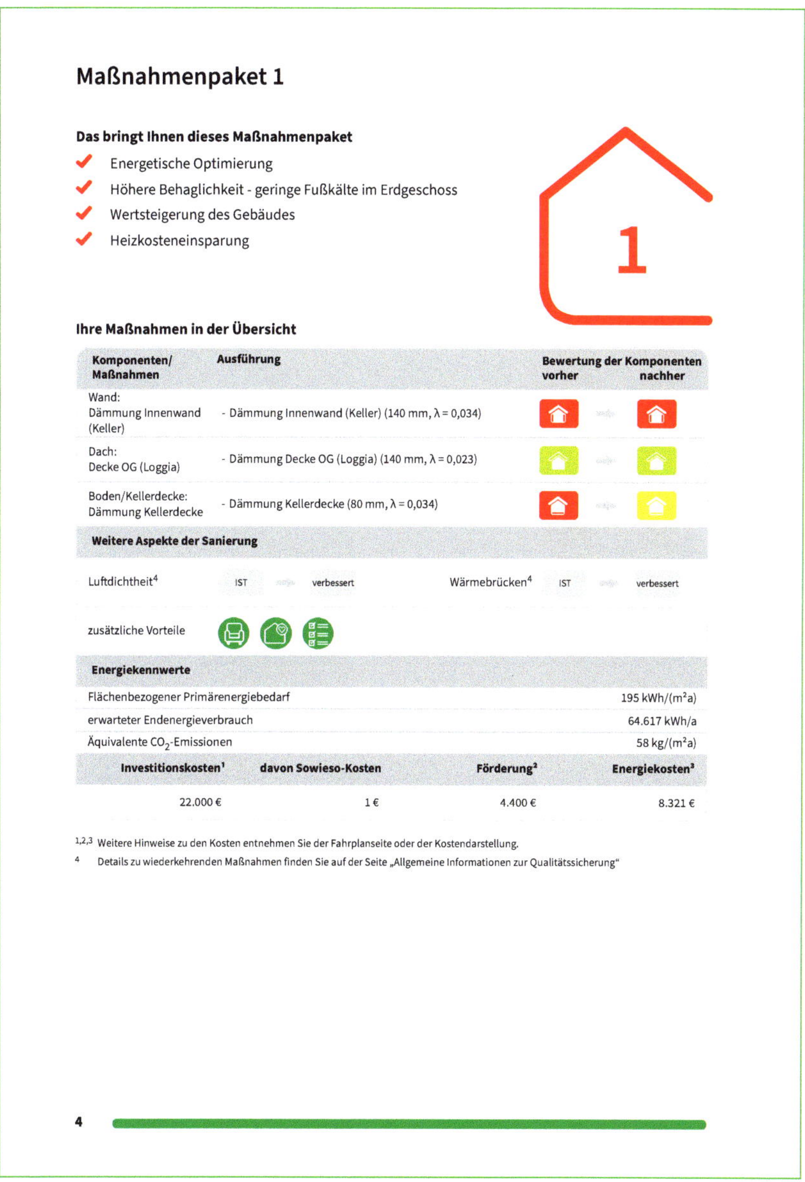

Maßnahmenpaket 1

Das bringt Ihnen dieses Maßnahmenpaket

- Energetische Optimierung
- Höhere Behaglichkeit - geringe Fußkälte im Erdgeschoss
- Wertsteigerung des Gebäudes
- Heizkosteneinsparung

Ihre Maßnahmen in der Übersicht

Komponenten/ Maßnahmen	Ausführung	Bewertung der Komponenten vorher	nachher
Wand: Dämmung Innenwand (Keller)	- Dämmung Innenwand (Keller) (140 mm, λ = 0,034)		
Dach: Decke OG (Loggia)	- Dämmung Decke OG (Loggia) (140 mm, λ = 0,023)		
Boden/Kellerdecke: Dämmung Kellerdecke	- Dämmung Kellerdecke (80 mm, λ = 0,034)		

Weitere Aspekte der Sanierung

Luftdichtheit[4]	IST	verbessert	Wärmebrücken[4]	IST	verbessert
zusätzliche Vorteile					

Energiekennwerte

Flächenbezogener Primärenergiebedarf	195 kWh/(m²a)
erwarteter Endenergieverbrauch	64.617 kWh/a
Äquivalente CO_2-Emissionen	58 kg/(m²a)

Investitionskosten[1]	davon Sowieso-Kosten	Förderung[2]	Energiekosten[3]
22.000 €	1 €	4.400 €	8.321 €

1,2,3 Weitere Hinweise zu den Kosten entnehmen Sie der Fahrplanseite oder der Kostendarstellung.

4 Details zu wiederkehrenden Maßnahmen finden Sie auf der Seite „Allgemeine Informationen zur Qualitätssicherung"

4

Abb. 9.12a: Beispiel einer Maßnahme

Wenn dies nicht möglich ist, kann der Standard abgesenkt werden. Unterhalb des Niveaus von KfW-förderfähigen Einzelmaßnahmen (zweitbeste Farbklasse) muss der Energieberater diese Abweichung sachlich erläutern.

Merkmal der Schritt-für-Schritt-Sanierung mithilfe des individuellen Sanierungsfahrplans ist die Bildung von Paketen aus einzelnen Sanierungsmaßnahmen, die sinnvollerweise gemeinsam durchgeführt werden. Jedoch lässt die Software dies nicht immer in der gewünschten Art und Weise zu.

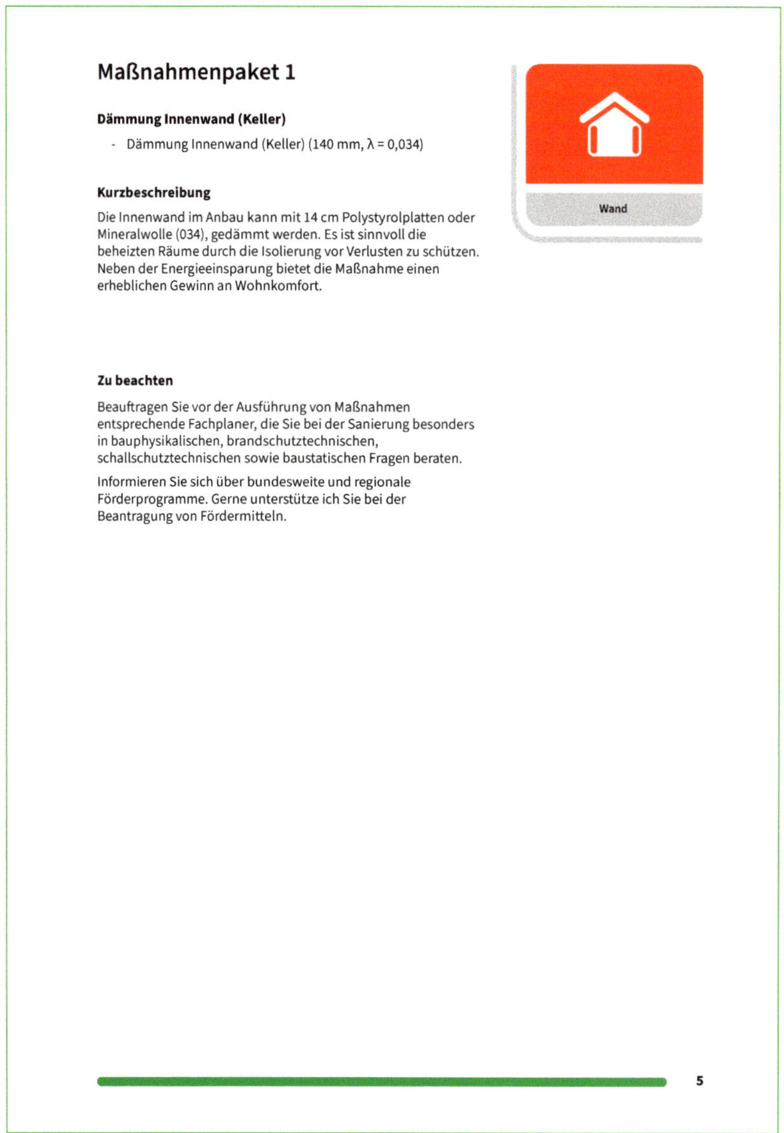

Maßnahmenpaket 1

Dämmung Innenwand (Keller)

- Dämmung Innenwand (Keller) (140 mm, λ = 0,034)

Kurzbeschreibung

Die Innenwand im Anbau kann mit 14 cm Polystyrolplatten oder Mineralwolle (034), gedämmt werden. Es ist sinnvoll die beheizten Räume durch die Isolierung vor Verlusten zu schützen. Neben der Energieeinsparung bietet die Maßnahme einen erheblichen Gewinn an Wohnkomfort.

Zu beachten

Beauftragen Sie vor der Ausführung von Maßnahmen entsprechende Fachplaner, die Sie bei der Sanierung besonders in bauphysikalischen, brandschutztechnischen, schallschutztechnischen sowie baustatischen Fragen beraten.

Informieren Sie sich über bundesweite und regionale Förderprogramme. Gerne unterstütze ich Sie bei der Beantragung von Fördermitteln.

5

Abb. 9.12b: Beschreibung der Maßnahme

9.13 Tipps zur Gebäudenutzung

Ihr Haus in Zukunft – Tipps für die Nutzung Ihres Gebäudes

Nicht nur die baulichen Gegebenheiten Ihres Gebäudes und Ihre Heizungsanlage haben Einfluss auf den Energieverbrauch des Gebäudes. Auch mit Ihrem Nutzerverhalten können Sie Kosten sparen und die Umwelt entlasten. Im Folgenden habe ich Ihnen einige Hinweise zusammengestellt.

Um effizient zu heizen, sollten zur Raumbelüftung Fenster nicht dauerhaft schräg gestellt werden, sondern die Lüftung nach Bedarf durch Öffnung der Fenster kurz und intensiv durchgeführt werden.

Weiterhin kann durch Absenkung der Innentemperatur um 1°C der Energieverbrauch um durchschnittlich 6% gesenkt werden.

Die Temperaturabsenkung nichtgenutzter Räume ist ein weiterer Baustein zur Energieeinsparung. Mittels moderner Einzelraumregler kann diese Absenkung vollautomatisch und per App geschehen. Somit ist eine Energieeinsparung ohne Minderung der Behaglichkeit zu erreichen.

24

Abb. 9.13: Tipps für die Gebäudenutzung

9.14 Qualitätssicherung und Optimierung

In diesem Arbeitsschritt werden jene Aspekte angesprochen, auf die bei einer Sanierung besonderer Wert gelegt werden sollte.

Allgemeine Informationen zur Qualitätssicherung

Qualitätssicherung

Die energetische Sanierung stellt einen sehr komplexen Eingriff in die Bausubstanz und in das Nutzerverhalten dar. Deshalb sollte die Umsetzung sorgfältig im Rahmen der Baubegleitung überwacht werden. Die Baubegleitung kann im Rahmen der BEG gefördert werden. Um die Qualität der ausgeführten Arbeiten sicherzustellen, ist die Beauftragung von Fachfirmen sinnvoll.

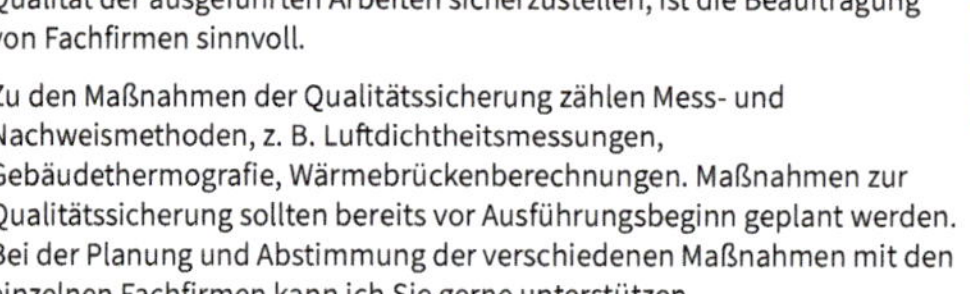

Zu den Maßnahmen der Qualitätssicherung zählen Mess- und Nachweismethoden, z. B. Luftdichtheitsmessungen, Gebäudethermografie, Wärmebrückenberechnungen. Maßnahmen zur Qualitätssicherung sollten bereits vor Ausführungsbeginn geplant werden. Bei der Planung und Abstimmung der verschiedenen Maßnahmen mit den einzelnen Fachfirmen kann ich Sie gerne unterstützen.

Wärmebrücken

Eine Wärmebrücke ist ein begrenzter Bereich im Bauteil eines Gebäudes, durch den die Wärme schneller nach außen transportiert wird als im unmittelbar angrenzenden Bereich. Wärmebrücken sind an jedem Gebäude aufgrund der geometrischen Gegebenheiten oder unterschiedlicher Baustoffe vorhanden. Im Altbau sorgen sie für höhere Wärmeverluste und geringere Innenoberflächentemperaturen. Folgen können bis hin zur Schimmelpilzbildung reichen, die zu gesundheitlichen Beeinträchtigungen führen kann. Auch konstruktive Schäden wie die Zerstörung von Holzbalken sind möglich. Deshalb sollten Wärmebrücken möglichst vermieden bzw. mit geeigneten Maßnahmen reduziert werden. Das heißt, dass bei jedem Sanierungsschritt die Wärmebrücken optimiert werden sollten. Zusätzlich müssen die Anschlüsse an künftig zu sanierende Bauteile so vorgerüstet werden, dass auch bei deren Sanierung ein wärmebrückenarmer Anschluss hergestellt werden kann. Um das zu gewährleisten, sind eine detaillierte Fachplanung und sorgfältige Umsetzung der relevanten Anschlüsse notwendig.

Luftdichtheit

Die Wärmeschutzmaßnahmen am und im Gebäude sind lückenlos und dauerhaft luftundurchlässig auszuführen, damit durch das Wohnen erzeugte Feuchte nicht in die Baukonstruktion eindringen kann. Dies betrifft insbesondere Anschlüsse zwischen den Bauteilen und die Ausbildung der luftdichten Ebene. Eine Herausforderung im Altbau stellen die Holzbalkendecken der Geschossdecken und die Holzkonstruktion im Dachbereich dar. Um die Gebäudeluftdichtheit zu erreichen, ist bereits in der Planungsphase ein Konzept von einem Fachplaner zu erstellen. Damit kann erreicht werden, dass Schnittstellen zwischen den Gewerken besser funktionieren und an später nicht mehr zugänglichen Stellen ein fachgerechter Anschluss erfolgen kann. Diese Qualitätssicherungsmaßnahme macht sich auch als Einsparung durch verminderte Leckagen beim Heizwärmebedarf bemerkbar. Durch die verbesserte Luftdichtheit des Hauses muss auf ausreichende Lüftung geachtet werden. Die Mindestanforderungen enthält das Lüftungskonzept.

- ✔ Lüftungskonzept vor Maßnahmenbeginn erstellen lassen. Das erspart eventuelle Nacharbeiten oder Korrekturen.
- ✔ Nach Abschluss von Maßnahmen an der Gebäudehülle sollten verbleibende Undichtigkeiten mithilfe eines Abluftgebläses gesucht und anschließend abgedichtet werden. Die luftdichte Schicht muss zu diesem Zeitpunkt noch zugänglich sein, damit gegebenenfalls noch Undichtheiten behoben werden können.

25

Abb. 9.14: Qualitätssicherung und Optimierung

9.15 Heizungsoptimierung

Im Abschnitt „Heizungsoptimierung“ wird zusammengefasst, worauf genau bei einer Heizungssanierung geachtet werden sollte.

Heizungsoptimierung

Unter dem Begriff Heizungsoptimierung werden eine Reihe von Maßnahmen zusammengefasst, die zum einen zur Effizienzsteigerung führen und zum anderen die Energieverluste im Anlagensystem mindern helfen. Maßnahmen zur Anlagenoptimierung gliedern sich in Bereiche, die ausschließlich dem Heizungsfachmann überlassen werden sollten, bieten aber auch ausreichend Möglichkeit für Eigenleistungen wie z. B. dämmen von Rohrleitungen.

Als Maßnahmen zur Optimierung der Heizungsanlage zählen:

- Einbau hocheffizienter Heizkreispumpen
- Dämmung der Rohrleitungen
- Einstellung des Wärmeerzeugers auf neue Heizlast
- Einbau voreinstellbarer Thermostatventile
- Durchführung eines hydraulischen Abgleichs

EINBAU HOCHEFFIZIENTER PUMPEN

Der Austausch alter, ungeregelter Umwälzpumpen gegen hocheffiziente, selbstregelnde Pumpen sollte fester Bestandteil von Optimierungsmaßnahmen am Heizsystem sein. Gleichzeitig stellen die Effizienzpumpen einen wichtigen Baustein und die Voraussetzung für den hydraulischen Abgleich des gesamten Anlagensystems dar.

DÄMMUNG DER ROHRLEITUNGEN

Große Wärmeverluste entstehen über ungedämmte Rohrleitungen im Heizungs- und Warmwassersystem. Deshalb sollten diese vollständig mit Dämmung ummantelt werden, dabei sind auch Armaturen und Pumpen einzubeziehen.

EINSTELLEN AUF NEUE HEIZLAST

Bei der Dimensionierung der Anlagentechnik sollte stets die Heizlast nach der Sanierung als Referenz genommen werden, da die Anlage ansonsten überdimensioniert sein könnte.

HYDRAULISCHER ABGLEICH

Mit dem hydraulischen Abgleich ist es möglich, die unterschiedlichen Strömungsverhältnisse im Heizsystem so zu verbessern, dass jeder Heizkörper im System eine ausreichende Wassermenge mit der notwendigen Vorlauftemperatur zur Beheizung der Räume zur Verfügung bekommt. Der hydraulische Abgleich wird vom Heizungsfachmann ausgeführt. Vor der Einstellung der Heizung ist eine Berechnung der Raumheizlast erforderlich. Anhand der Berechnungsergebnisse kann der Fachmann die erforderlichen voreinstellbaren Thermostatventile auswählen und die dazugehörigen Einstellungen festlegen und vornehmen.

26

Abb. 9.15: Heizungsoptimierung

9.16 Kostendarstellung

Neben den einmaligen Investitionskosten für die Instandhaltung und Energieeffizienzmaßnahmen werden die laufenden Betriebs-, Wartungs- und Energiekosten aufgeführt. Sie werden zusammengefasst als durchschnittliche jährliche Kosten über den Betrachtungszeitraum von 20 Jahren und in jährliche Kosten (sogenannte annuitätische Kosten) umgerechnet.

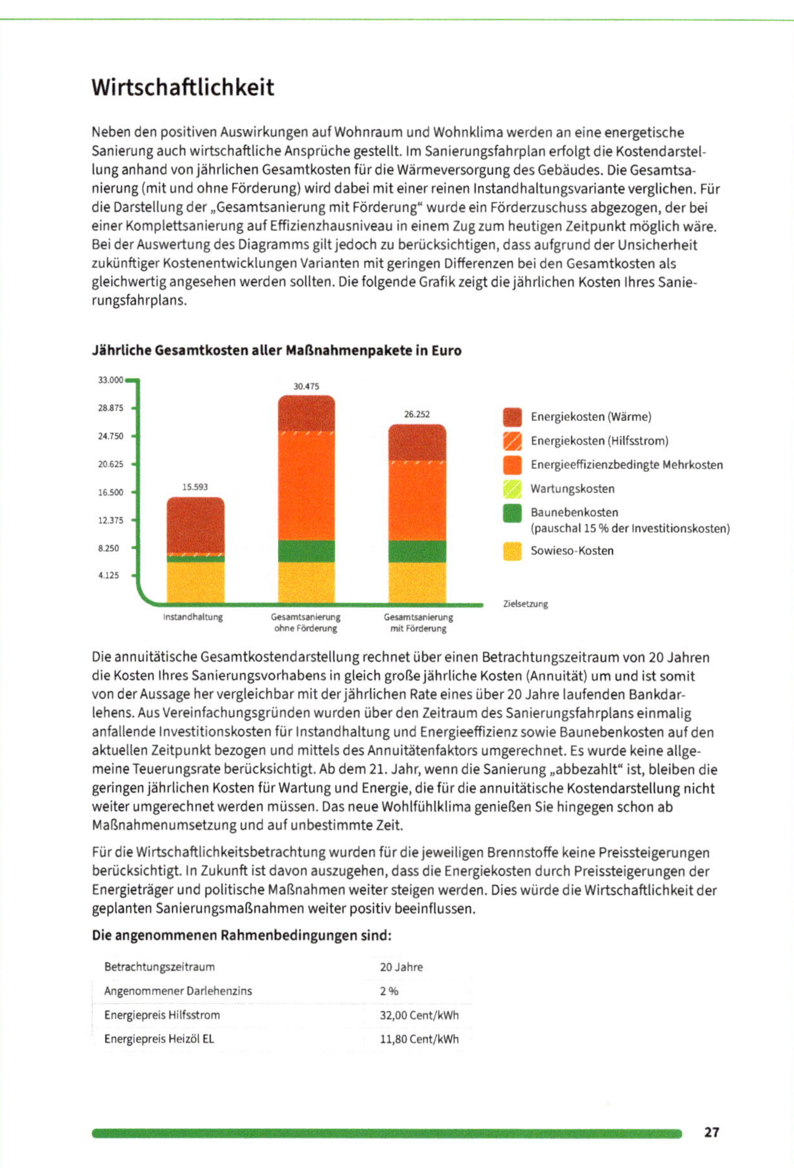

Wirtschaftlichkeit

Neben den positiven Auswirkungen auf Wohnraum und Wohnklima werden an eine energetische Sanierung auch wirtschaftliche Ansprüche gestellt. Im Sanierungsfahrplan erfolgt die Kostendarstellung anhand von jährlichen Gesamtkosten für die Wärmeversorgung des Gebäudes. Die Gesamtsanierung (mit und ohne Förderung) wird dabei mit einer reinen Instandhaltungsvariante verglichen. Für die Darstellung der „Gesamtsanierung mit Förderung" wurde ein Förderzuschuss abgezogen, der bei einer Komplettsanierung auf Effizienzhausniveau in einem Zug zum heutigen Zeitpunkt möglich wäre. Bei der Auswertung des Diagramms gilt jedoch zu berücksichtigen, dass aufgrund der Unsicherheit zukünftiger Kostenentwicklungen Varianten mit geringen Differenzen bei den Gesamtkosten als gleichwertig angesehen werden sollten. Die folgende Grafik zeigt die jährlichen Kosten Ihres Sanierungsfahrplans.

Jährliche Gesamtkosten aller Maßnahmenpakete in Euro

Die annuitätische Gesamtkostendarstellung rechnet über einen Betrachtungszeitraum von 20 Jahren die Kosten Ihres Sanierungsvorhabens in gleich große jährliche Kosten (Annuität) um und ist somit von der Aussage her vergleichbar mit der jährlichen Rate eines über 20 Jahre laufenden Bankdarlehens. Aus Vereinfachungsgründen wurden über den Zeitraum des Sanierungsfahrplans einmalig anfallende Investitionskosten für Instandhaltung und Energieeffizienz sowie Baunebenkosten auf den aktuellen Zeitpunkt bezogen und mittels des Annuitätenfaktors umgerechnet. Es wurde keine allgemeine Teuerungsrate berücksichtigt. Ab dem 21. Jahr, wenn die Sanierung „abbezahlt" ist, bleiben die geringen jährlichen Kosten für Wartung und Energie, die für die annuitätische Kostendarstellung nicht weiter umgerechnet werden müssen. Das neue Wohlfühlklima genießen Sie hingegen schon ab Maßnahmenumsetzung und auf unbestimmte Zeit.

Für die Wirtschaftlichkeitsbetrachtung wurden für die jeweiligen Brennstoffe keine Preissteigerungen berücksichtigt. In Zukunft ist davon auszugehen, dass die Energiekosten durch Preissteigerungen der Energieträger und politische Maßnahmen weiter steigen werden. Dies würde die Wirtschaftlichkeit der geplanten Sanierungsmaßnahmen weiter positiv beeinflussen.

Die angenommenen Rahmenbedingungen sind:

Betrachtungszeitraum	20 Jahre
Angenommener Darlehenszins	2 %
Energiepreis Hilfsstrom	32,00 Cent/kWh
Energiepreis Heizöl EL	11,80 Cent/kWh

27

Abb. 9.16: Wirtschaftlichkeit

9.17 Zusammenfassung

Technische Dokumentation

Detaillierte Kostendarstellung

Kostenpositionen	Investitionskosten[1] €	davon Sowieso-Kosten €	Förderung[2] €	Energiekosten[3] €/a
Istzustand				8.771
Maßnahmenpaket 1 gesamt	22.000	1	4.400	8.321
Dämmung Kellerdecke	17.500	0	3.500	
Dämmung Decke OG	1.500	0	300	
Dämmung Innenwand (Keller)	3.000	0	600	
Maßnahmenpaket 2 gesamt	163.500	52.000	32.700	6.161
AW gegen Außenluft gemauert	73.000	24.000	14.600	
AW gegen Außenluft betoniert mit Dämmung	2.000	500	400	
AW gegen Außenluft betoniert ohne Dämmung	3.000	1.000	600	
Austausch Fenster	80.500	26.000	16.100	
Austausch Eingangstür	5.000	500	1.000	
Maßnahmenpaket 3 gesamt	76.000	25.000	15.200	6.074
Dämmung Dach	70.000	23.000	14.000	
Austausch Dachfenster	6.000	2.000	1.200	
Maßnahmenpaket 4 gesamt	63.000	20.000	10.000	7.179
Wärmepumpe/Luft/Wasser + Öl-Brennwert-Kessel	23.000	0	0	
Wärmepumpe/Luft/Wasser + Öl-Brennwert-Kessel (Wärmepumpe)	40.000	20.000	10.000	
Maßnahmenpaket 5 gesamt	90.000	20.000	16.750	5.754
Wärmepumpe/Luft/Wasser + Öl-Brennwert-Kessel + Solarthermie	23.000	0	0	
Wärmepumpe/Luft/Wasser + Öl-Brennwert-Kessel + Solarthermie (Wärmepumpe)	40.000	20.000	10.000	
Wärmepumpe/Luft/Wasser + Öl-Brennwert-Kessel + Solarthermie (Solarkollektoranlagen)	27.000	0	6.750	

Sollten Sie sich für eine Gesamtsanierung in einem Zug entscheiden, so ist mit folgenden Kosten zu rechnen:

Kostenpositionen	Investitionskosten[1] €	davon Sowieso-Kosten €	Förderung[2] €	Energiekosten[3] €/a
Gesamtsanierung in einem Zug	351.500	97.000	69.050	5.754

1 Die angegebenen Investitionskosten beruhen auf einem Kostenüberschlag zum Zeitpunkt der Erstellung des Sanierungsfahrplans. Es handelt sich hierbei nicht um eine Kostenermittlung nach DIN 276. Zu den tatsächlichen Ausführungskosten können Abweichungen auftreten. Vor Ausführung sind konkrete Angebote von Fachfirmen einzuholen.

2 Die Förderbeträge wurden anhand der Konditionen der zum Zeitpunkt der Erstellung des iSFP geltenden Förderprogramme berechnet und sind rein informativ. Es besteht kein Anspruch auf die genannte Förderhöhe. Fördermöglichkeiten können zum Umsetzungszeitpunkt höher oder niedriger ausfallen, daher bitte zum Umsetzungszeitpunkt nochmals prüfen.

3 Die Energiekosten wurden mit heutigen Energiepreisen und anhand des erwarteten Endenergieverbrauchs nach Umsetzung des jeweiligen Maßnahmenpakets berechnet. In der Langfristperspektive können Energiepreise schwanken.

43

Abb. 9.17a: Zusammenfassung

Technische Dokumentation

Detaillierte Beschreibung der Bauteile der thermischen Hülle und der vorhandenen Anlagentechnik im Istzustand

Bauteil	Beschreibung
Keller / unterer Gebäudeabsschluss	teilweise beheizt
Kellerabgang	nicht beheizt
Wände	Poroton 24 cm
Fenster	Fenster mit Isolierverglasung
Dach / oberer Gebäudeabschluss	Steildach mit Wärmedämmung aus Polyurethan-Hartschaum
Anlagentechnik im Istzustand	
Heizung	Zentralheizung Öl-Kessel Buderus G205 (34 kW) Baujahr 1995
Wärmeverteilung	Heizkörperanordnung an Außenwand
Warmwasser	Zentale Warmwasserversorgung Erzeugung über Öl-Kessel Warmwasserspeicher 300 l
Lüftung	freie Fensterlüftung

30

Abb. 9.17b: Technische Dokumentation

Bei der Darstellung der Kennwerte müssen die beiden Seiten des vorgegebenen Formats nebeneinander gelegt werden, damit die einzelnen Kennwerte der Maßnahmenpakete miteinander verglichen werden können.

Technische Dokumentation

Projekt- und Gebäudedaten

Kenngrößen	Formelzeichen	Einheit	Istzustand
Allgemeine Projektdaten			
Baujahr des Gebäudes	–	–	1995
Geschosszahl ohne Keller- und Dachgeschoss	GZ	Stk	2
Anzahl der Wohneinheiten	WE	–	6
mittl. Geschosshöhe	h_G	m	2,60
Einbauzustand des Gebäudes	–	–	freistehend
Gebäudedaten			
beheiztes Bruttovolumen	V_e	m^3	1.787,0
Gebäudenutzfläche	A_N	m^2	571,8
beheiztes Luftvolumen	V_L	m^3	1.358,1
thermische Hüllfläche	A	m^2	960,0
Fensterflächenanteil	A_{FE}	%	11,97
Kompaktheit	A/V	m^{-1}	0,54
Berechnungsparameter Gebäudehülle			
Luftwechselrate (in Bilanz angesetzt)	n	h^{-1}	0,99
Wärmebrückenzuschlag (in Bilanz angesetzt)	ΔU_{WB}	$W/(m^2K)$	0,100
Energetische Kennwerte des Gebäudes			
Heizwärmebedarf	Q_h	kWh/a	66.805
Wärmebedarf für Warmwasserbereitung	Q_{TW}	kWh/a	7.260
Endenergiebedarf (ohne Hilfsenergie)	Q_E	kWh/a	110.900
Hilfsenergiebedarf	Q_{HE}	kWh/a	1.550
Primärenergiebedarf	Q_P	kWh/a	117.875
Transmissionswärmeverlust	H_T	W/K	792
Lüftungswärmeverlust	H_V	W/K	436
Äquivalente CO_2-Emissionen	CO_2	t/a	35,2
primärenergetische Anlagenaufwandszahl	e_P	–	1,59
endenergetische Anlagenaufwandszahl	e_E	–	1,52
spez. energetische Kennwerte des Gebäudes			
spez. Jahres-Heizwärmebedarf	q_h	$kWh/(m^2a)$	116,83
spez. Jahres-Endenergiebedarf	q_E	$kWh/(m^2a)$	193,95
spez. Jahres-Primärenergiebedarf	q_P	$kWh/(m^2a)$	206,1
GEG Referenzgebäude	$q_{P,ref}$	$kWh/(m^2a)$	72,4
GEG Anforderungswert für Neubau	$q_{P,max,Neubau}$	$kWh/(m^2a)$	72,4
GEG Anforderungswert für Bestand	$q_{P,max,Bestand}$	$kWh/(m^2a)$	101,4
spez. Transmissionswärmeverlust	$H`_T$	$W/(m^2K)$	0,82
GEG Referenzgebäude	$H`_{T,ref}$	$W/(m^2K)$	0,416
GEG Anforderungswert für Neubau	$H`_{T,max,Neubau}$	$W/(m^2K)$	0,500
GEG Anforderungswert für Bestand	$H`_{T,max,Bestand}$	$W/(m^2K)$	0,416
erreichtes BEG-Effizienzhaus Niveau			Kein EH
spez. äquivalente CO_2-Emissionen	CO_2	$kg/(m^2a)$	61,56

Abb. 9.17c: Kennwerte

Technische Dokumentation

Projekt- und Gebäudedaten

Maßnahmenpaket 1	Maßnahmenpaket 2	Maßnahmenpaket 3	Maßnahmenpaket 4	Maßnahmenpaket 5
Allgemeine Projektdaten				
2	2	2	2	2
6	6	6	6	6
2,60	2,60	2,60	2,60	2,60
Gebäudedaten				
1.787,0	1.787,0	1.787,0	1.787,0	1.787,0
571,8	571,8	571,8	571,8	571,8
1.358,1	1.358,1	1.358,1	1.358,1	1.358,1
960,0	960,0	960,0	960,0	960,0
11,97	11,97	11,97	11,97	11,97
0,54	0,54	0,54	0,54	0,54
Berechnungsparameter Gebäudehülle				
0,99	0,99	0,99	0,99	0,99
0,100	0,100	0,100	0,100	0,100
Energetische Kennwerte des Gebäudes				
62.266	40.002	39.070	39.790	39.790
7.260	7.260	7.260	7.260	7.260
104.667	74.740	73.534	45.937	41.500
1.485	1.183	1.173	1.150	1.243
111.289	79.690	78.419	66.412	58.320
730	364	346	346	346
436	436	436	436	436
33,3	23,8	23,5	20,4	17,8
1,60	1,69	1,69	1,41	1,24
1,53	1,61	1,61	1,00	0,91
spez. energetische Kennwerte des Gebäudes				
108,89	69,96	68,33	69,59	69,59
183,05	130,71	128,60	80,34	72,58
194,6	139,4	137,1	116,1	102,0
72,4	72,1	72,1	72,1	72,1
72,4	72,1	72,1	72,1	72,1
101,4	100,9	100,9	100,9	100,9
0,76	0,38	0,36	0,36	0,36
0,416	0,413	0,413	0,413	0,413
0,500	0,500	0,500	0,500	0,500
0,416	0,413	0,413	0,413	0,413
Kein EH	Kein EH	Kein EH	Kein EH	Kein EH
58,24	41,62	41,10	35,68	31,13

33

Abb. 9.17d: Kennwerte

10 Förderprogramme

10.1 Bundesförderung für effiziente Gebäude

Das Bundesprogramm für effiziente Gebäude (BEG ist ein Förderprogramm des Bundesamtes für Wirtschaft und Ausfuhrkontrolle BAFA).

Durch das Programm werden die Bereiche Solar, Biomasse und Wärmepumpen gefördert. Zunächst gibt es die Basisförderung. Diese kann durch verschiedene Boni erhöht werden. Ein Überblick ist der Abbildung 10.1 zu entnehmen. Grundlage dieser Förderung ist das „Bundesprogramm für effiziente Gebäude" vom 9.12.2022. Dieses ist im Internet unter https://www.bundesanzeiger.de verfügbar.

Förderübersicht: Bundesförderung für effiziente Gebäude – Einzelmaßnahmen (BEG EM)

Im Einzelnen gelten die nachfolgend genannten Prozentsätze mit einer Obergrenze von 70 Prozent.

Durchführer	Richtlinien-Nr.	Einzelmaßnahme	Grundfördersatz	iSFP-Bonus	Effizienz-Bonus	Klimageschwindigkeits-Bonus[2]	Einkommens-Bonus	Fachplanung und Baubegleitung
BAFA	5.1	**Einzelmaßnahmen an der Gebäudehülle**	15 %	5 %	–	–	–	50 %
BAFA	5.2	**Anlagentechnik (außer Heizung)**	15 %	5 %	–	–	–	50 %
	5.3	Anlagen zur Wärmeerzeugung (Heizungstechnik)						
KfW	*a)*	*Solarthermische Anlagen*	30 %	–	–	max. 20 %	30 %	50 %
KfW	*b)*	*Biomasseheizungen*[1]	30 %	–	–	max. 20 %	30 %	50 %
KfW	*c)*	*Elektrisch angetriebene Wärmepumpen*	30 %	–	5 %	max. 20 %	30 %	50 %
KfW	*d)*	*Brennstoffzellenheizungen*	30 %	–	–	max. 20 %	30 %	50 %
KfW	*e)*	*Wasserstofffähige Heizungen (Investitionsmehrausgaben)*	30 %	–	–	max. 20 %	30 %	50 %
KfW	*f)*	*Innovative Heizungstechnik auf Basis erneuerbarer Energien*	30 %	–	–	max. 20 %	30 %	50 %
BAFA	g)	**Errichtung, Umbau, Erweiterung eines Gebäudenetzes**[1]	30 %	–	–	max. 20 %	30 %	50 %
KfW	*h)*	*Anschluss an ein Gebäudenetz*	30 %	–	–	max. 20 %	30 %	50 %
KfW	*i)*	*Anschluss an ein Wärmenetz*	30 %	–	–	max. 20 %	30 %	50 %
	5.4	Heizungsoptimierung						
BAFA	a)	**Maßnahmen zur Verbesserung der Anlageneffizienz**	15 %	5 %	–	–	–	50 %
BAFA	b)	**Maßnahmen zur Emissionsminderung von Biomasseheizungen**	50 %	–	–	–	–	50 %

[1] Bei Biomasseheizungen wird bei Einhaltung eines Emissionsgrenzwert für Staub von 2,5 mg/m³ ein zusätzlicher pauschaler Zuschlag in Höhe von 2.500 Euro gemäß Nummer 8.4.6 gewährt.

[2] Der Klimageschwindigkeits-Bonus reduziert sich gestaffelt gemäß Nummer 8.4.4. und wird ausschließlich selbstnutzenden Eigentümern gewährt. Bis 31. Dezember 2028 gilt ein Bonussatz von 20 Prozent.

Stand: 1. Januar 2024

Abb. 10.1: Förderübersicht (Quelle: BAFA)

Beispiel

Für die Errichtung eines Pelletkessels (10 kW) mit neuem Pufferspeicher (300 l) erhält man 10 % Förderung. Für den Austausch von funktionstüchtigen Öl-, Kohle- und Nachtspeicherheizungen wird ein zusätzlicher Bonus von 10 % gewährt.

Die Förderung erhöht sich zusätzlich um 5 % für alle Dämmmaßnahmen und für die Optimierung bestehender Heizungen, wenn ein individueller Sanierungsfahrplan erstellt wurde.

Die Fachplanung und Baubegleitung wird mit 50 % der Kosten gefördert. Die förderfähigen Kosten für die Fachplanung und Baubegleitung sind gedeckelt auf 5000 Euro bei Ein- und Zweifamilienhäusern, und bei Mehrfamilienhäusern mit drei oder mehr Wohneinheiten auf 2000 Euro pro Wohneinheit, insgesamt auf maximal 20.000 Euro.

Bei der Umsetzung sind die Vorgaben der Richtlinie zu beachten. Der Zuschuss muss vor der Beauftragung der Maßnahme beantragt werden. Die ausführende Firma muss in einer Fachunternehmererklärung die Einhaltung der in der Richtlinie geforderten Punkte bestätigen.

10.2 KfW-Programme

Die Kreditanstalt für Wiederaufbau bietet eine ganze Menge von Programmen zur Kreditaufnahme an. Hierzu bietet die BAFA einen Online-Sanierungsrechner. Diesen finden Sie unter https://sanierungsrechner.kfw.de/

Die Förderung unterscheidet sich, je nachdem welche Sanierungsstufe erreicht wird. Es wird zwischen mehreren Energieeffizienzklassen unterschieden. Sollte mit den gewählten Sanierungsmaßnahmen keine dieser Effizienzklassen (KfW-Effizienzhaus) erreicht werden, besteht die Möglich der Förderung durch die BAFA-Einzelmaßnahmen.

Für die Beantragung der Förderung und Begleitung des Vorhabens ist ein Energieeffizienz-Experte aus der Energieeffizienz-Expertenliste für Förderprogramme des Bundes (Expertenliste) in der Kategorie „Bundesförderung für effiziente Gebäude: Wohngebäude" unter www.energie-effizienz-experten.de einzubinden.

Der Energieeffizienzberater erstellt eine Bestätigung zum Antrag (BzA). Eine erstellte BzA ist der Nachweis, dass die energetischen Kennwerte der Effizienzhausplanung plausibel sind bzw. die technischen Mindestanforderungen für Einzelmaßnahmen erfüllt werden. Auf dieser Grundlage kann ein Förderantrag für dieses Vorhaben gestellt werden.

Dieser Antrag ist **vor** dem Beginn der Maßnahme zu stellen. Dies erfolgt üblicherweise über die Hausbank des Beratungsempfängers. Als Beginn ist die Auftragserteilung an Handwerksfirmen definiert. Eine Energieberatung sowie Planungsarbeiten durch Architekten und Fachingenieure dürfen vorher durchgeführt werden.

Jede Privatperson kann dieses Förderprogramm nutzen, wenn sie durch Kauf Eigentümer eines Ein- oder Zweifamilienhauses oder einer Eigentumswohnung wird oder bereits Eigentümer des Wohnraums ist und energetisch saniert.

Nach Abschluss des Vorhabens bestätigt der Energieeffizienz-Experte die Einhaltung der TMA und die Einsparungen von Primär- und Endenergie und CO_2. Er bestätigt auch die für die Maßnahmen angefallenen, förderfähigen Kosten

10.2.1 Förderung

Was wird gefördert?

- Alle Sanierungsmaßnahmen, die das Wohneigentum zum KfW-Effizienzhaus machen, oder
- die Sanierung eines Denkmals oder besonders erhaltenswerter Bausubstanz oder
- einzelne energetische Maßnahmen (z. B. Dämmung, Optimierung der Wärmeverteilung bei bestehenden Anlagen, Erneuerung der Heizungsanlage, Erneuerung der Fenster und Türen, Erneuerung oder Einbau einer Lüftungsanlage), die den technischen Mindestanforderungen entsprechen, oder
- der Kauf eines frisch energetisch sanierten Gebäudes oder einer Eigentumswohnung.

In welchem Umfang wird gefördert?

Der Tilgungszuschuss beträgt

KfW-Effizienzhaus 40:

20 % von max. 120.000 Euro der förderfähigen Investitionskosten, maximal 24.000 Euro pro Wohneinheit

KfW-Effizienzhaus 40 Erneuerbare-Energien-Klasse:

25 % von max. 150.000 Euro der förderfähigen Investitionskosten, maximal 37.500 Euro pro Wohneinheit

KfW-Effizienzhaus 55:

15 % von max. 120.000 Euro der förderfähigen Investitionskosten, maximal 18.000 Euro pro Wohneinheit

KfW-Effizienzhaus 55 Erneuerbare-Energien-Klasse:

20 % von max. 150.000 Euro der förderfähigen Investitionskosten, maximal 30.000 Euro pro Wohneinheit

KfW-Effizienzhaus 70:

10 % von max. 120.000 Euro der förderfähigen Investitionskosten, maximal 12.000 Euro pro Wohneinheit

KfW-Effizienzhaus 70 Erneuerbare-Energien-Klasse:

15 % von max. 150.000 Euro der förderfähigen Investitionskosten, maximal 22.500 Euro pro Wohneinheit

KfW-Effizienzhaus 85:

5 % von max. 120.000 Euro der förderfähigen Investitionskosten, maximal 6.000 Euro pro Wohneinheit

KfW-Effizienzhaus 85 Erneuerbare-Energien-Klasse:

10 % von max. 150.000 Euro der förderfähigen Investitionskosten, maximal 15.000 Euro pro Wohneinheit

KfW-Effizienzhaus Denkmal:

5 % von max. 120.000 Euro der förderfähigen Investitionskosten, maximal 6.000 Euro pro Wohneinheit

KfW-Effizienzhaus Denkmal Erneuerbare-Energien-Klasse:

10 % von max. 150.000 Euro der förderfähigen Investitionskosten, maximal 15.000 Euro pro Wohneinheit

Für die Sanierung eines „Worst Performing Buildings" (WPB) gibt es 10 % Extra-Tilgungszuschuss. Ein Wohngebäude ist als Worst Performing Building definiert, wenn das Gebäude laut Energieausweis in die Klasse H fällt. Dabei spielt es keine Rolle, ob es einen Energiebedarfs- oder einen Energieverbrauchsausweis hat.

Laufzeit und Zinsbindung

Die Mindestlaufzeit beträgt 4 Jahre.

Folgende Laufzeitvarianten stehen zur Verfügung:

- bis zu 10 Jahre bei 1 bis höchstens 2 Tilgungsfreijahren,
- bis zu 10 Jahre mit Tilgung in einer Summe am Laufzeitende,
- bis zu 20 Jahre bei 1 bis höchstens 3 Tilgungsfreijahren,
- bis zu 30 Jahre bei 1 bis höchstens 5 Tilgungsfreijahren.

Der Zinssatz wird für die ersten 10 Jahre der Kreditlaufzeit festgeschrieben. Bei endfälligen Krediten werden die Zinsen für die gesamte Kreditlaufzeit fest vereinbart.

Finanzierung

Der Antrag ist vor Beginn des Vorhabens bei der KfW über einen Finanzierungspartner (Bank) zu stellen. Grundlage ist die vom Energieeffizienz-Experten erstellte „Bestätigung zum Antrag" (BzA). Der Antrag muss bei der Hausbank gestellt werden, bevor der Kauf oder die Sanierung erfolgt.

Nicht gefördert werden Umschuldungen bestehender Darlehen, Nachfinanzierungen bereits begonnener oder schon abgeschlossener Vorhaben, Ferien- und Wochenendhäuser sowie gewerblich genutzte Flächen.

Zinssatz

Der Zinssatz orientiert sich an der Entwicklung des Kapitalmarktes und wird am Tag der Zusage festgesetzt. Zum Zeitpunkt der Drucklegung dieses Buches lag er zwischen 0,99 und 2,06 %. Ist also sehr günstig. Er ändert sich jedoch regelmäßig und sollte aktuell erfragt werden.

Stichwortverzeichnis